美顔バランス診断×パーソナルカラー

# 自分に似合うメイクがわかる

美顔バランス診断協会
二神弓子 河田三奈

西東社

INTRODUCTION

はじめに

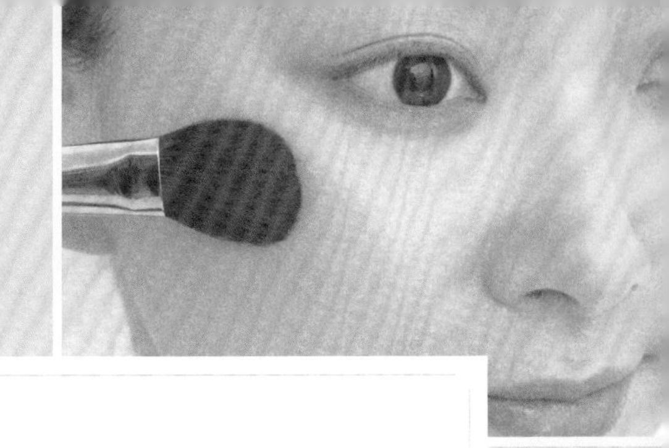

## 女性は誰でも美人です

自分という素材が持つ個性を肯定すること、そして
その個性をきちんと活かしてあげることによって、新
しい自分との出会いが生まれます。
「美顔バランス診断」では、眉、目、鼻などのパーツの
配置に基づいて、顔のタイプを15タイプに分類して
います。
すべての顔のタイプに美人と言われる女優さんが
存在します。むしろ黄金比でない女性が不思議な魅
力で人を惹きつけることも多いと思います。
自分の個性を魅力の一つとして愛してあげることが、
女性をかわいらしく魅力的に見せるものではないで
しょうか。
本書を通して、メイクを楽しみ、毎日を楽しんで生き
ることのお手伝いができたら嬉しいと思っています。

二神弓子

## 似合うメイクで人生を楽しみましょう

本書では「美顔バランス診断」に基づき、タイプごとに似合うメイクメソッドを紹介しています。「美顔バランス診断」は、パーツ配置のバランスによる、顔の印象を重視しています。
あえて黄金比を目指すのではなく、個性を魅力として捉え、その方の顔立ちを活かします。まるでオーダーメイドのようなメイクメソッド、それが「美顔バランスメイク」です。
パーツ配置のバランスは、年齢や流行に左右されません。つまり、個性を魅力的に見せる自分だけのメイクテクニックをひとつ身につければ、もうメイクに悩む必要がありません。
似合うメイクをすることで、自分の新しい魅力に気づき、よりメイクを楽しんでいただけることを願っています。

河田三奈

CONTENTS



# PART 1
# 美顔バランス診断で自分の顔を攻略！

# PART 2
# パーツ別似合うメイク最強テクニック集

# PART 3

## パーソナルカラー診断で似合うメイクの色がわかる！

ADDICTION
laura mercier

※本書に掲載しているメイク商品は、2019年3月時点の情報に基づいています。
現在では販売されていない場合や、商品の仕様・価格が変更されている場合等があります。
価格は特に記載がない場合、税抜表記です。

# PART 1

# 美顔バランス診断で自分の顔を攻略！

自分に合ったメイクをするには、
「美顔バランス診断」で
自分の顔のタイプを知ることが大切です。
あなたの長所を生かすメイクを知りましょう。

# 「美顔（びがお）バランス診断」とは

目や鼻など、顔のパーツが上下・左右どのような配置になっているかで、顔を15タイプに分類したもの。タイプごとの個性を知ることで、自分に本当に似合うメイクやヘアスタイルがわかります。

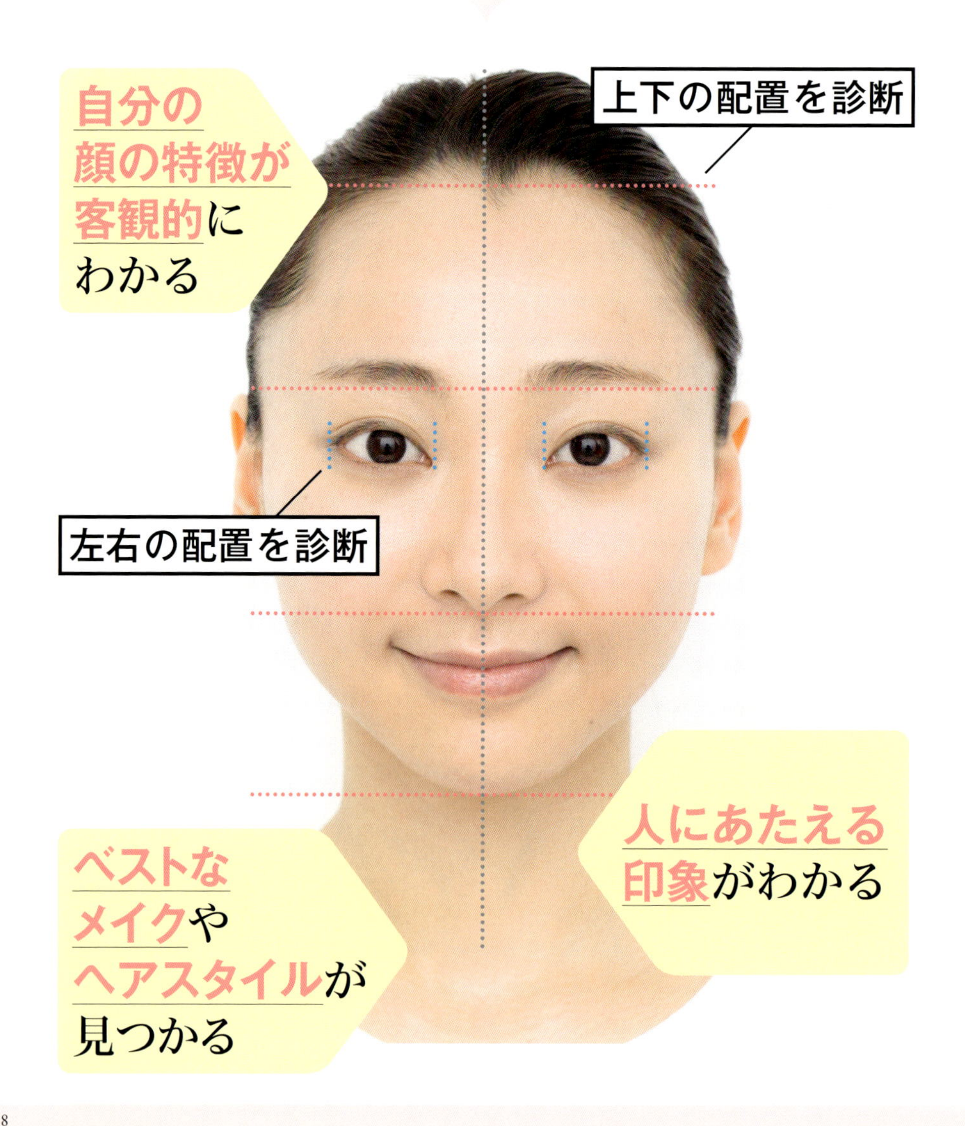
自分の
顔の特徴が
客観的に
わかる
上下の配置を診断
左右の配置を診断
ベストな
メイクや
ヘアスタイルが
見つかる
人にあたえる
印象がわかる

# 左右と上下のパーツの配置で
# 15タイプに分類できる

左右の配置は目の位置で判断し、上下の配置は生え際、眉、鼻、あごの位置で判断します。顔のバランスについてはいろいろな考え方がありますが、上下が1：1：1、左右が1：1：1を理想的とする黄金比の考え方が一般的です。本書では、この考え方をベースに、左右・上下の組み合わせで15タイプに分類しています。

## 左右の配置

パーツが 寄っている →→ 凛（りん）タイプ

パーツが 離れている →→ 優（ゆう）タイプ

パーツが 理想的な配置 →→ 麗（れい）タイプ

## 上下の配置

パーツが 寄っている →→ 凛（りん）タイプ

パーツが 離れている →→ 優（ゆう）タイプ

パーツが 上寄り →→ 上（うえ）タイプ

パーツが 下寄り →→ 下（した）タイプ

パーツが 理想的な配置 →→ 麗（れい）タイプ

**左右3タイプ×上下5タイプ＝15タイプに分類** →→ P.20

SELF CHECK

# 美顔バランス診断の準備

美顔バランス診断では、自分の顔を正面から写した画像でパーツの位置を確認し、15タイプのどれになるかを診断します。顔の角度が少し変わるだけで、顔のパーツの距離は変わってしまうので、正しく自分の顔を撮影することが大切です。

用意するもの

- 自分の顔写真
（拡大して使用します）
- 付録の診断シート

**診断に使う写真はコレ**

- すっぴんで撮影したもの
- 真正面から撮影したもの
- 表情が真顔のもの

OK

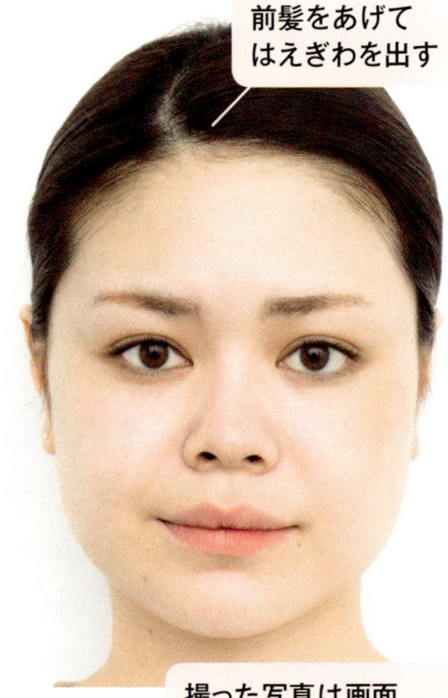

前髪をあげて
はえぎわを出す

撮った写真は画面
いっぱいに拡大しておく

NG

あごを引きすぎ

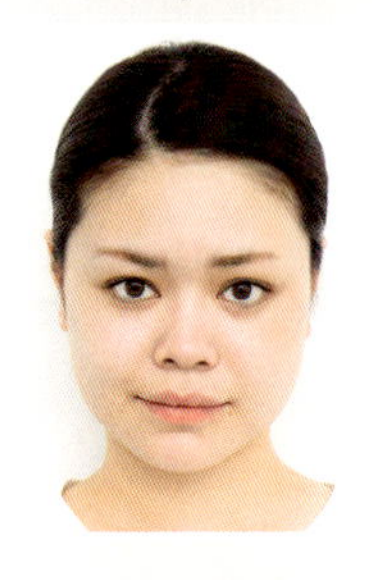

あごを上げすぎ

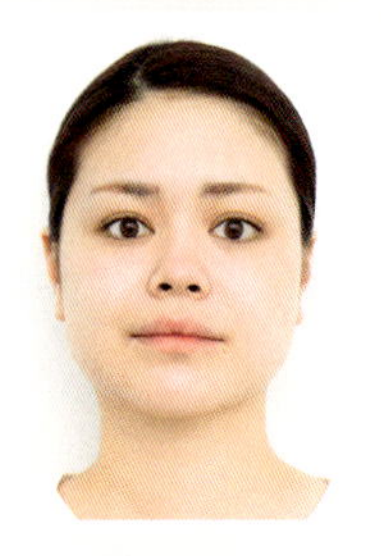

# 写真の撮り方・撮られ方

- カメラと顔の高さを同じにする
- カメラと顔の距離は50cm以上離す

カメラが画面と
平行になるように

## スマホで自撮りするときは腕を目いっぱい伸ばす

スマホに搭載されているレンズは対象物との距離が近いとゆがみが生じやすく、実物通りに撮影できません。自撮りをするときは腕をできるだけ伸ばしてカメラを離しましょう。

## 壁にかかと・お尻・後頭部をつけてまっすぐ前を向いて立つ

あごを引いたり上げたりすると実際のバランス通りに撮れません。壁の前に立ち、かかととお尻、後頭部を壁につけてまっすぐ前を向きます。カメラと顔の高さを合わせて撮るのがポイント。

スマホと
診断シートで
チェック

〔SELF CHECK〕

# 美顔バランス診断

本書に付属の診断シートを使って、美顔バランスを診断してみましょう。スマートフォンで撮影した顔の画像に、診断シートをあてるだけで、15タイプのうち、どれにあてはまるかが簡単にわかります。

## Step 1 左右のバランスを目の配置で診断する

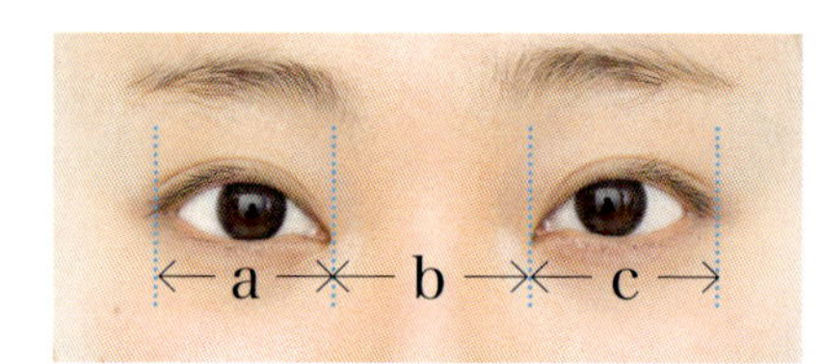
a
b
c

左右のパーツの配置は目の位置で診断します。a・b・cが同じ長さなら「麗」、bが一番狭ければ「凛」、bが一番広ければ「優」となります。目頭と目尻の位置からバランスを診断します。

### 1 画面を横にして目元を拡大し、診断シートをのせる

画面を横にして左右の目元を拡大し、「左右のバランス」シートをのせます。

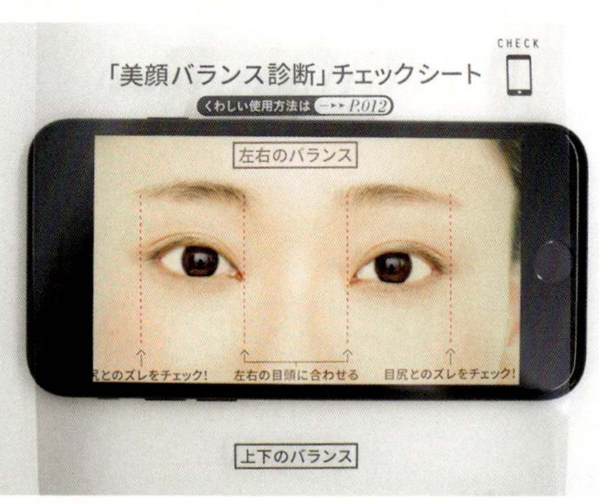
CHECK
「美顔バランス診断」チェックシート
くわしい使用方法は P.012
左右のバランス
尻とのズレをチェック!
左右の目頭に合わせる
目尻とのズレをチェック!
上下のバランス

※スワイプで拡大するだけだと、シートの大きさまで拡大できない場合があるため、あらかじめ画像を編集機能で拡大しておくか、拡大してスクリーンショット撮影をしておきましょう。

# 2 外側の2本線と目尻とのズレをチェック

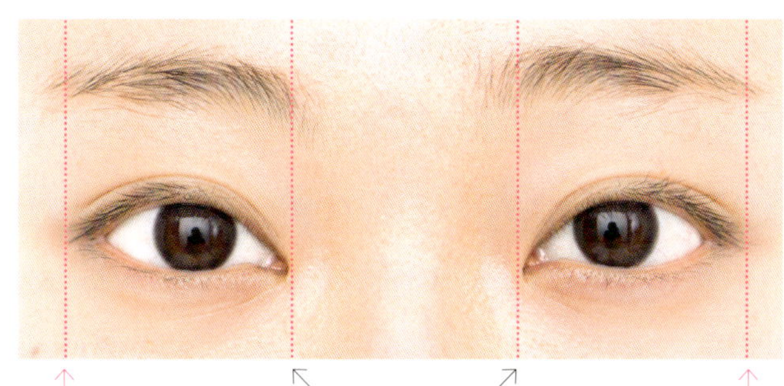

中央の2本の線に左右の目頭を合わせ、外側の2本の線と目尻とのズレをチェックします。※シートを画面にのせたままスワイプ操作できます。(機種や設定によってできない場合もあります)

このラインを目頭に合わせる

このラインと目尻のズレをチェックする

診断結果は次ページ！

## 目はどこからどこまで?

一重

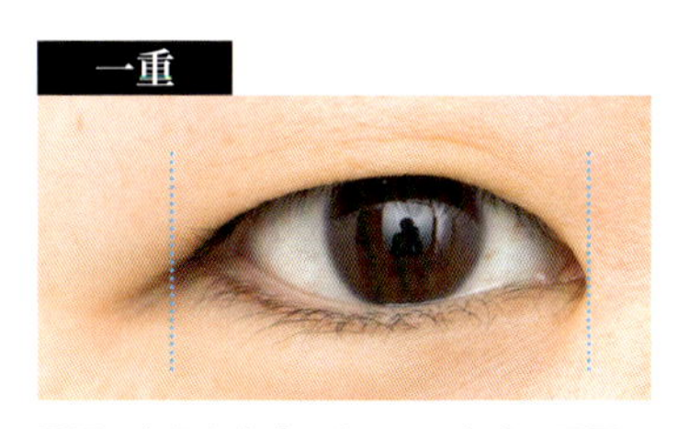

目尻は白目と皮膚のキワではなく、正面から見たときの目尻の影までとします。

二重

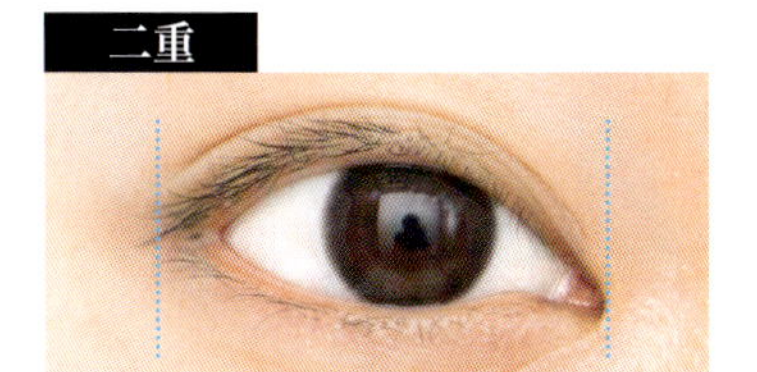

奥二重

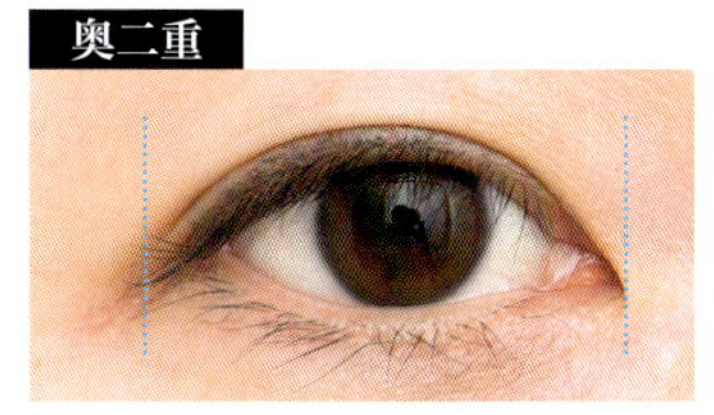

二重の線の終わりを目尻とします。ただし、二重の線が目尻まで伸びていない場合は、一重の目尻と同様に判断します。

## 診断結果

### 目尻が外側の線からはみ出している → パーツが寄っている

# 凛タイプ

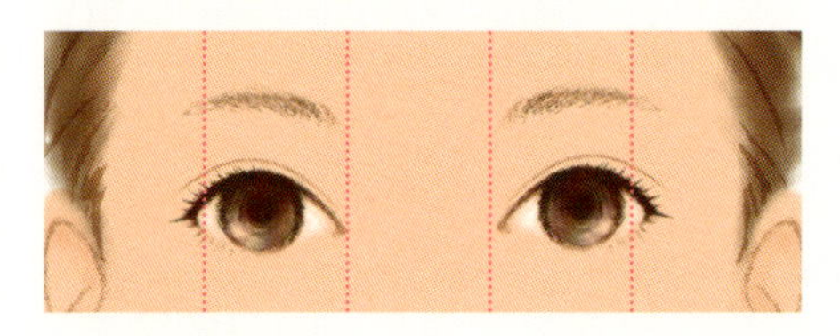

目と目の距離が近い「凛」タイプは、キリッとシャープな印象をあたえます。年齢よりも大人っぽく見える人や、クール系の人が多いでしょう。

**印象の特徴** ▶シャープ ▶大人っぽい

### 目尻が外側の線より内側 → パーツが離れている

# 優タイプ

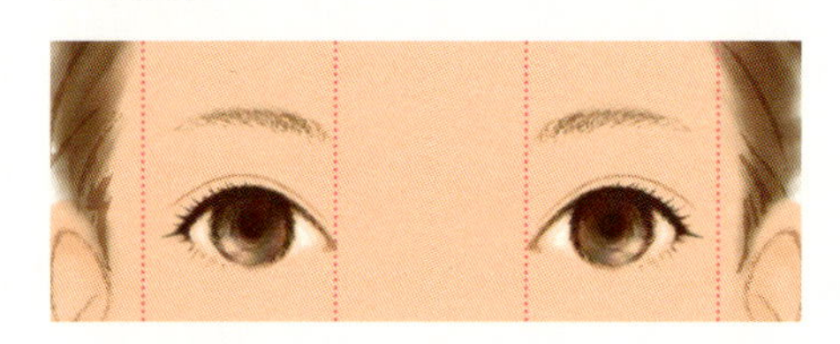

目と目が離れている「優」タイプは、ソフトな印象をあたえます。いわゆる童顔タイプの人が多く、親しみやすい顔立ちです。

**印象の特徴** ▶親しみやすい ▶キュート

### 目尻と外側の線がぴったり一致 → バランスが理想的

# 麗タイプ

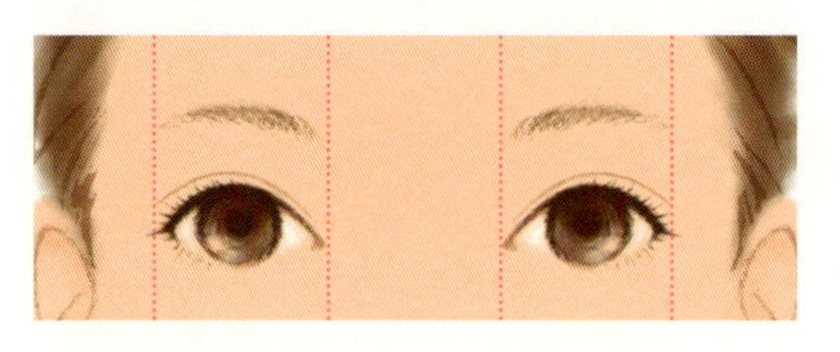

目の配置のバランスが理想的な「麗」タイプは、洗練された印象をあたえます。顔立ちに突出した特徴がないので、いろんな雰囲気を演出できます。

**印象の特徴** ▶洗練されている ▶イメージが固定されない

# Step 2

## 上下のバランスを3ゾーンで診断する

上下のパーツの配置は、右の図のように、A・B・Cの3ゾーンのバランスで診断します。診断のポイントとなるのは、生え際・眉頭・鼻・あごの位置。眉頭下と鼻下にシートを合わせて、生え際とあご下のはみ出し具合を見てタイプを診断します。

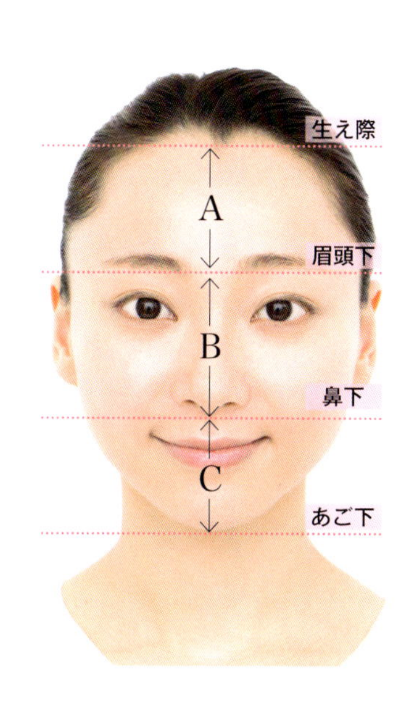
生え際
A
眉頭下
B
鼻下
C
あご下

### 1 画面を縦にして診断シートをのせる

画面を縦にして顔全体が映るよう拡大し、「上下のバランス」シートをのせます。

### 2 中央の2本線を眉下と鼻下に合わせてあごと生え際のズレをチェック

生え際とのズレをチェックする
このラインを眉頭下と鼻下に合わせる
あご下とのズレをチェックする

中央の2本の線を、眉頭の最も低い位置と鼻の最も低い位置に合わせ、上下の2本の線と生え際、あご下とのズレをチェックします。

診断結果は次ページ！

# 診断結果

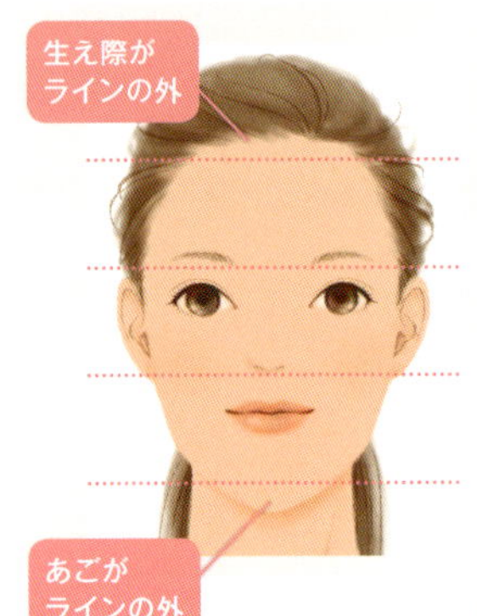
生え際が
ラインの外
あごが
ラインの外

## 生え際→上のラインの外側
## あご　→下のラインの外側

### パーツが寄っている

凛タイプ

上下のパーツが顔の中心に寄っている「凛」タイプは、顔立ちに立体感がありエキゾチックで華やかな印象をあたえます。

**印象の特徴** ▶エキゾチック　▶華やか

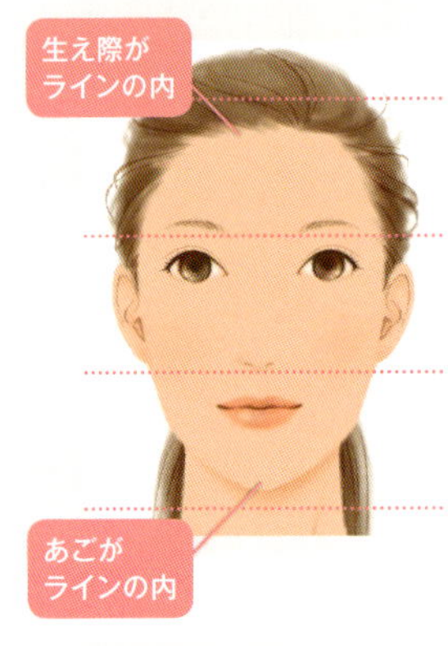
生え際が
ラインの内
あごが
ラインの内

## 生え際→上のラインの内側
## あご　→下のラインの内側

### パーツが離れている

優タイプ

上下のパーツが離れている「優」タイプは、おおらかでやわらかな印象をあたえます。年齢より上に見られる人も多いでしょう。

**印象の特徴** ▶温和　▶やわらかい

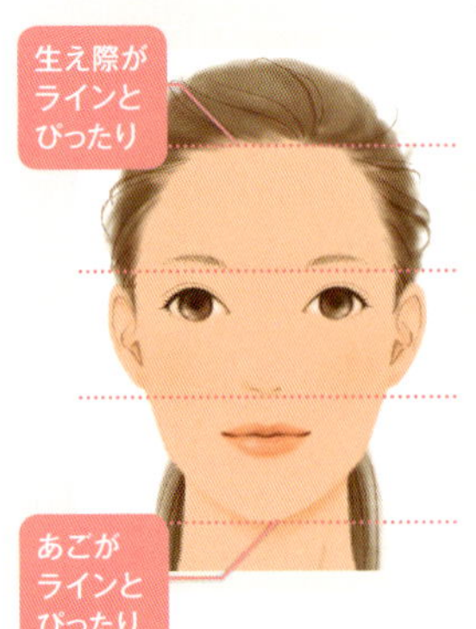
生え際が
ラインと
ぴったり
あごが
ラインと
ぴったり

## 生え際→上のラインとぴったり
## あご　→下のラインとぴったり

### バランスが理想的

麗タイプ

上下のパーツバランスが理想的な「麗」タイプは、上品で洗練された印象をあたえます。特徴が薄く、イメージが固定されないので、いろいろな雰囲気になれます。

**印象の特徴** ▶洗練されている　▶上品

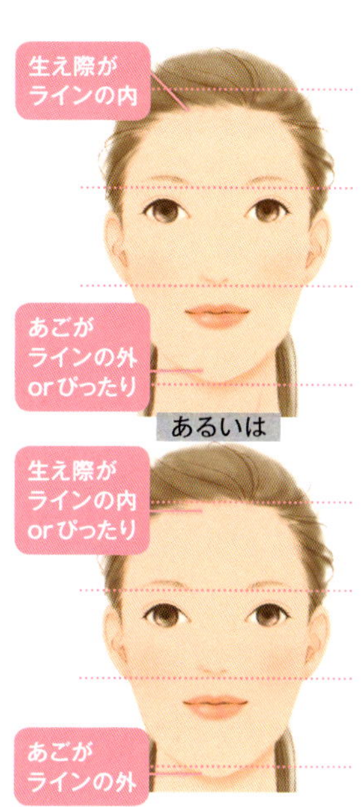
生え際が
ラインの内
あごが
ラインの外
orぴったり
あるいは
生え際が
ラインの内
orぴったり
あごが
ラインの外

生え際→上のラインの内側
あご　→下のラインの外側
　　　　orぴったり

あるいは

生え際→上のラインの内側
　　　　orぴったり
あご　→下のラインの外側

↓

**パーツが上寄り**

上
タイプ

顔のパーツが上方向寄りの「上」タイプは、大人っぽく落ち着いた印象をあたえます。額が狭めの人が多く、年齢より上に見られる人も。

**印象の特徴** ▶大人っぽい ▶落ち着いている

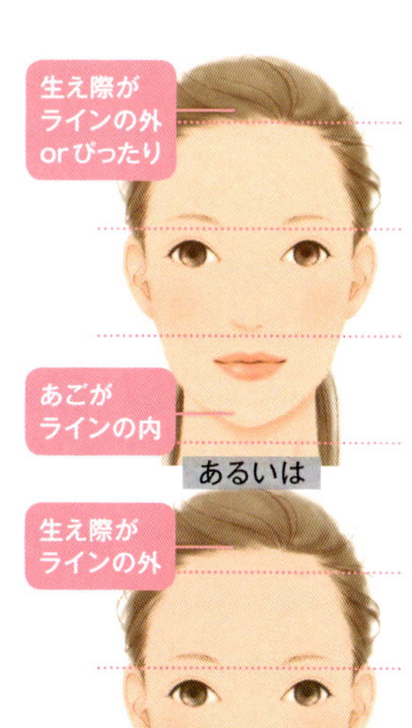
生え際が
ラインの外
orぴったり
あごが
ラインの内
あるいは
生え際が
ラインの外
あごが
ラインの内
orぴったり

生え際→上のラインの外側
　　　　orぴったり
あご　→下のラインの内側

あるいは

生え際→上のラインの外側
あご　→下のラインの内側
　　　　orぴったり

↓

**パーツが下寄り**

下 タイプ

顔のパーツが下方向寄りの「下」タイプは、額が広くあごが狭めで、子どものようなアンバランスさを感じさせる顔立ち。小悪魔っぽい雰囲気もあります。

**印象の特徴** ▶キュート ▶小悪魔っぽい

# 診断シートを使わない診断方法

タブレットやPC画面に表示したものや、A4サイズに程度にプリントアウトしたものを定規で測っても診断できます。大きく拡大すると長さの差がはっきり出るので、スマホ画面ではっきりわからなかった人にもおすすめの方法です。

← a →← b →← c →
目尻
目頭
目頭
目尻
生え際
眉頭下
鼻下
あご下
A
B
C

**診断の準備**

**1** 画面に大きく表示するor A4サイズ程度にプリントアウトする

**2** a・b・cの長さと A・B・Cの長さを測る

（プリントアウトした場合は、上のように線を引くと測りやすい）

## 左右の診断

a・c よりも b が短い → **凛**

a・c よりも b が長い → **優**

a・b・c が均等 → **麗**

## 上下の診断

①生え際〜あご下までの長さを測り、3で割ったものを基準値とする。

②A・B・Cの中で、基準値との差が最も大きいもので診断する。基準値との差が同じ場合、Bを優先する。

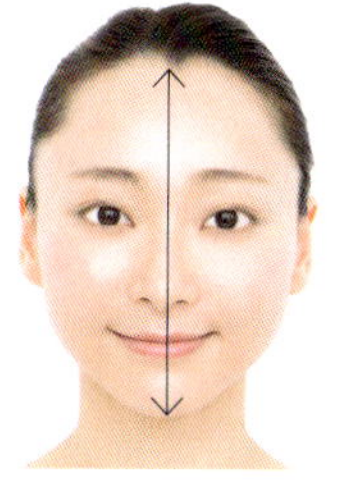

この長さを測る

B が短い → **凛**

B が長い → **優**

A・B・C が同じ → **麗**

A が短い or C が長い →  **上**

A が長い or C が短い → **下**

例）基準値が84mmで、Aが82mm、Bが88mm、Cが82mmの場合、Bが基準値との差が大きく、長いので→優

## 診断で迷ったらどうする?

### 左右の目の大きさが違う

**大きい方で判断する**

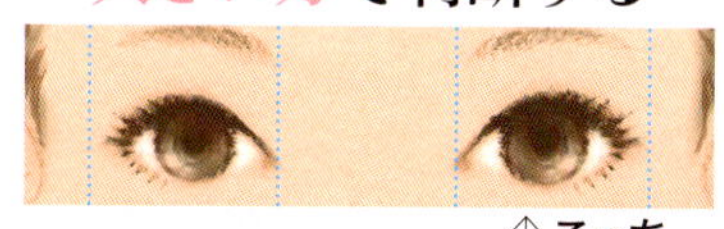

↑こっち

### 眉の高さが左右で違う

**低い方で判断する**

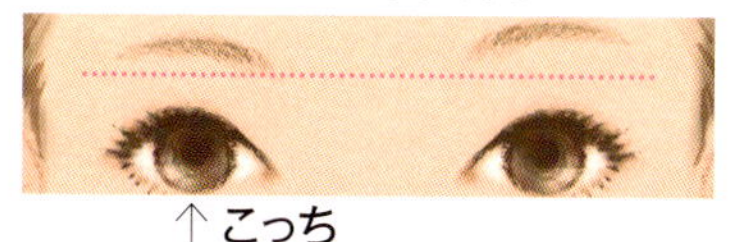

↑こっち

### 眉尻が眉頭より低い

**眉頭で判断する**

ココ→

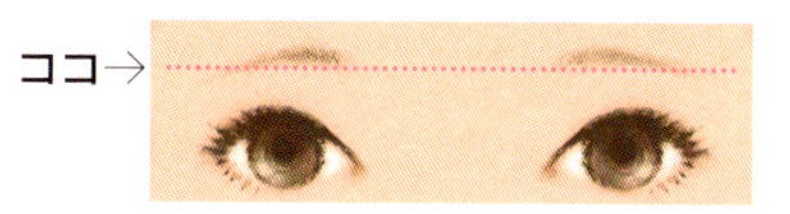

### 生え際がわかりにくい

**富士額は低い位置で、うぶ毛が多い場合はない部分で計測する**

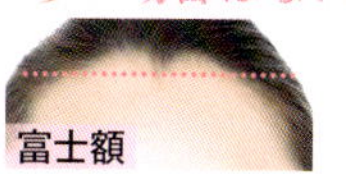
富士額

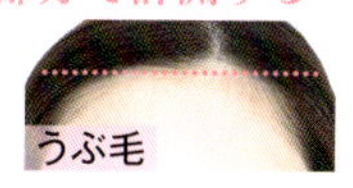
うぶ毛

# 「美顔バランス診断」15タイプ

左右&上下のパーツ位置の組み合わせから、モデルの顔を15タイプに分類。タイプ1～5が左右のパーツが離れている「凛」、タイプ6～10が左右のパーツが離れている「優」、タイプ11～15が左右のパーツが理想的な「麗」です。

| 上下 ＼ 左右 | 寄っている「凛」 | 離れている「優」 | 理想的な「麗」 |
| --- | --- | --- | --- |
| 寄っている「凛」 | TYPE 1 凛×凛 P.26 | TYPE 6 優×凛 P.48 | TYPE 11 麗×凛 P.70 |
| 離れている「優」 | TYPE 2 凛×優 P.30 | TYPE 7 優×優 P.52 | TYPE 12 麗×優 P.74 |
| 上寄り「上」 | TYPE 3 凛×上 P.34 | TYPE 8 優×上 P.56 | TYPE 13 麗×上 P.78 |
| 下寄り「下」 | TYPE 4 凛×下 P.38 | TYPE 9 優×下 P.60 | TYPE 14 麗×下 P.82 |
| 理想的な「麗」 | TYPE 5 凛×麗 P.42 | TYPE 10 優×麗 P.64 | TYPE 15 麗×麗 P.86 |

# タイプのイメージマトリックス

「幼い顔立ち」「落ち着いた印象」など、タイプごとのイメージをマトリックス表にしました。
自分のタイプの印象を客観的に把握して、魅力アップに役立てましょう。

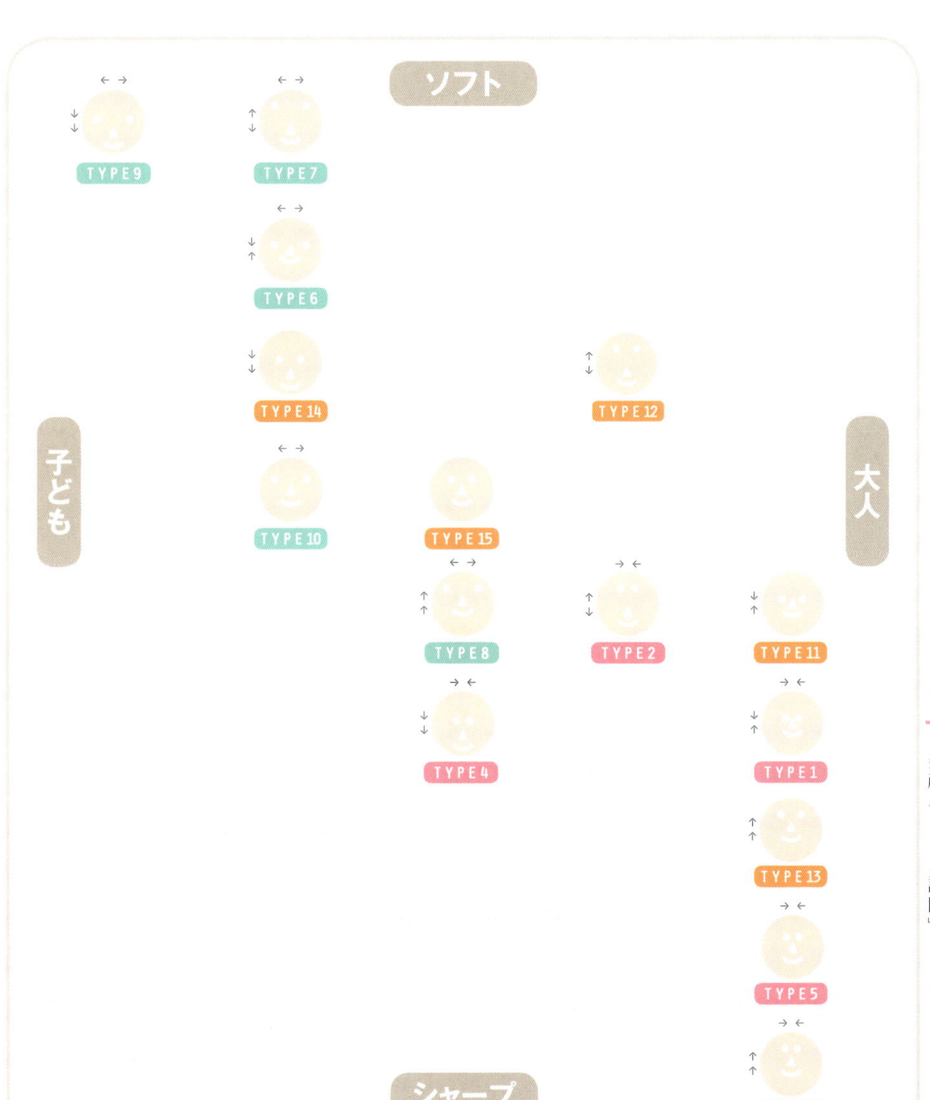

ソフト
子ども
大人
シャープ
TYPE9
TYPE7
TYPE6
TYPE14
TYPE12
TYPE10
TYPE15
TYPE8
TYPE2
TYPE11
TYPE4
TYPE1
TYPE13
TYPE5
TYPE3

美顔
バランス
診断で

# 一番似合うメイクがわかる！

雑誌で紹介されているメイクを真似てみたら「なんだか似合わない」という経験はありませんか？　それは、自分の顔とフィットしていないからかも。美顔バランス診断で、自分のタイプが分かれば、自分に一番似合うメイクが分かります。

タイプ別の
**個性にマッチし、魅力を引き出す**
メイク

パーツの
バランスを整え
**ありがちな悩みをやわらげる**
メイク

＝

## 美顔バランスメイク

### 美顔バランスメイクとは

顔のバランスについてはいろいろな考え方がありますが、上下が1：1：1、左右が1：1：1を理想的とする黄金比の考え方が一般的です。本書では、この考えをベースに15タイプに分類し、パーツの位置を調整しつつ、自分の個性を魅力として捉え、活かすメイクを提案します。

シャープな顔立ちの人がやわらかい雰囲気を目指してやみくもにメイクテクニックを取り入れても、ちぐはぐな印象になりがちです。本来のシャープさを活かしながら、やわらかな印象に寄せていくメイクのさじ加減が大事です。まるでオーダーメイドのように、その人の顔立ちにベストマッチするメイクメソッドが「美顔バランスメイク」なのです。

**たとえば、TYPE3 凛×上タイプなら**

左右が中心寄り、上下が上寄り
だからキツイ印象になりがち

↓

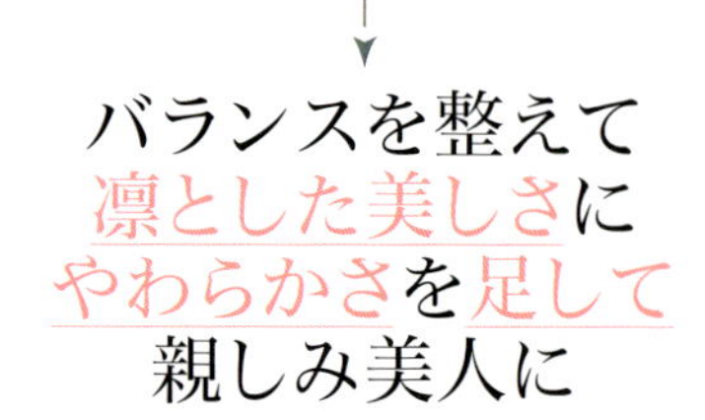
バランスを整えて
凛とした美しさに
やわらかさを足して
親しみ美人に

# タイプ別ページの見方

タイプ別のbefore→after写真とともに、個性や特徴、ありがちな悩みを紹介。美顔バランスメイクのポイントやイメチェンの方法、オススメのヘアスタイルまで解説します。各パーツの具体的なメイク方法は、PART2（P.96-127）で解説します。

写真にひいてある線は黄金バランスのガイド線。このガイド線と、自分のパーツの位置を比較することで、顔の個性がわかります。

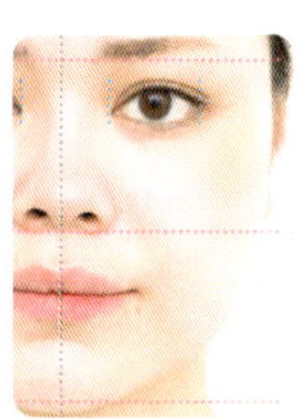

＼ BEFORE ／

診断シートを
あてたときのズレ方
＝
顔タイプの個性

＼ AFTER ／

美顔バランスメイクを
すると、こんなに変わる!

---

美顔バランス
メイクを解説

メイクプラン
を紹介

メイクの中で
特に重要な
ポイントを
紹介

このメイクに
オススメの
コスメや
道具を紹介

印象を
変えたいときの
ポイントを解説

前髪・顔周りの
ベストな
スタイルを紹介

各パーツのメイク方法は PART 2 →▸▸ P.96-127 で詳しく解説!

# 左右凛タイプ

シャープな印象／大人っぽい印象

TYPE
1
凛×凛
BEFORE
AFTER

TYPE
2

凛×優

BEFORE

AFTER

TYPE
3
凛×上
BEFORE
»
AFTER

TYPE
4
凛×下
BEFORE
»
AFTER

TYPE
5
凛×麗
BEFORE
»
AFTER

TYPE 1

# 左右 凛 × 上下 凛 タイプ

特徴

## メリハリが際立つ華やかなミステリアス美女

上下・左右ともにパーツが真ん中にキュッと寄ったタイプ。顔の中心に高さを感じさせる立体的な顔立ちで、日本人離れした個性的な雰囲気の人も多いでしょう。メイクをすると濃い顔立ちになりやすい傾向があります。

大人 ― 子ども
落ち着き ― 陽気
シャープ ― ソフト

このタイプの有名人

滝沢カレン・森泉

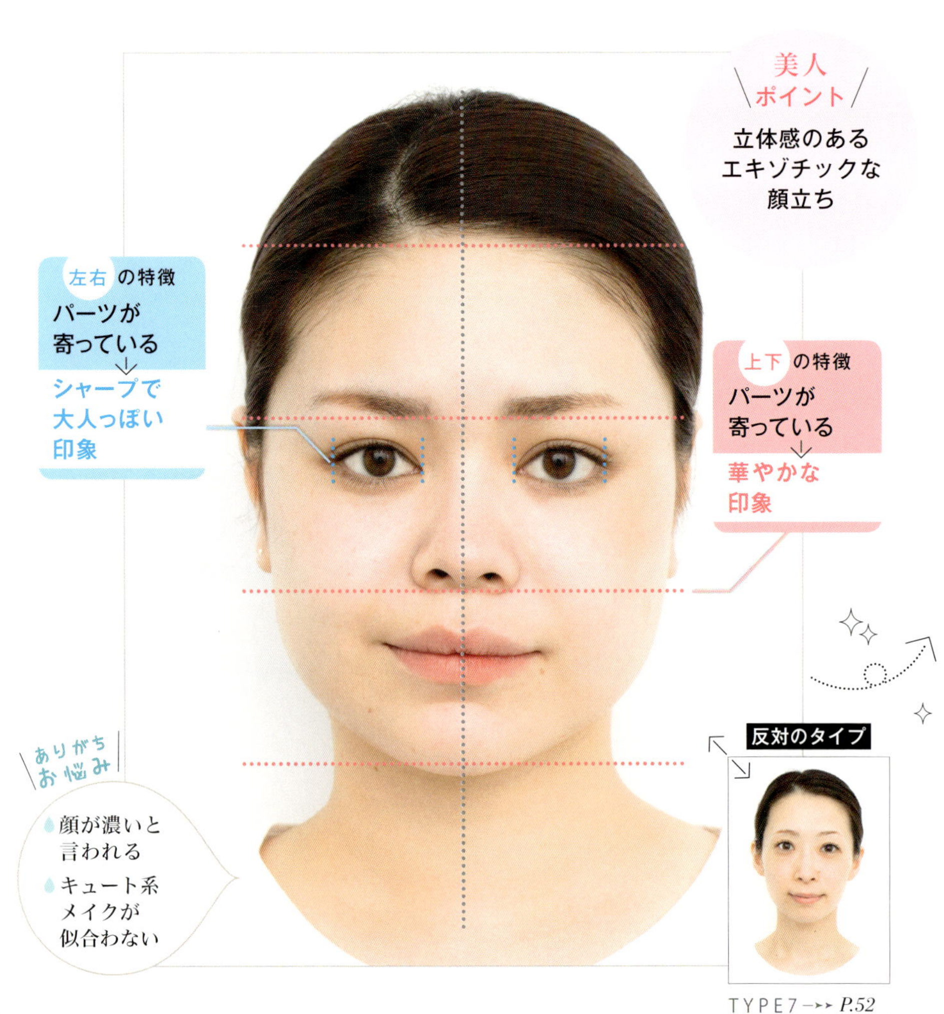

美人ポイント
立体感のあるエキゾチックな顔立ち
左右の特徴
パーツが寄っている
シャープで大人っぽい印象
上下の特徴
パーツが寄っている
華やかな印象
ありがちお悩み
顔が濃いと言われる
キュート系メイクが似合わない
反対のタイプ


TYPE7 → P.52

Best
MAKE
くわしくは次のページ →
左右上下のバランスを整えて
濃いめの顔を大人美人に
PART 1
TYPE 1 凛×凛タイプ
27

Make up POINT

# 上下左右へパーツを広げて バランスの良い立体的美人に

中心寄りのパーツを外側へと広げるメイクの視覚効果で、顔全体のバランスがよくなり美人度がアップ。濃いめの顔立ちを隠そうと淡いメイクをすると中途半端な印象になりがち。キリッとした眉とアイラインでエキゾチックな顔立ちを大人っぽく仕上げるのが似合います。

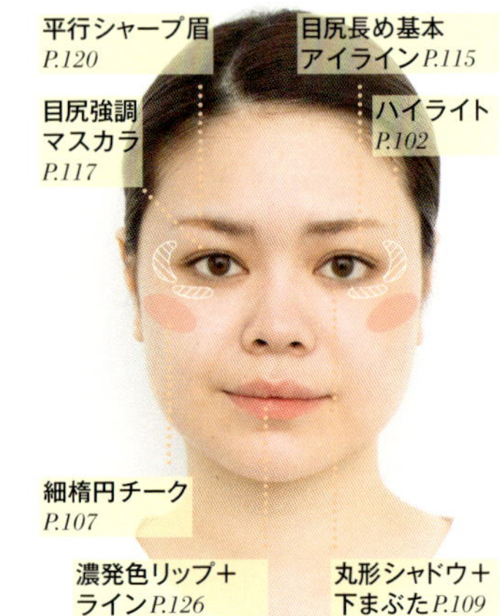

平行シャープ眉 P.120
目尻長め基本アイライン P.115
目尻強調マスカラ P.117
ハイライト P.102
細楕円チーク P.107
濃発色リップ+ライン P.126
丸形シャドウ+下まぶた P.109


メイクプラン

\ AFTER /

## POINT 1 アイライン

目尻を長めにして左右のパーツを外へ!

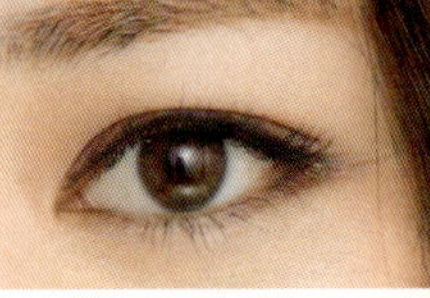

くわしくは → P.115

神アイテム!

手ぶれとにじみをブロック

ハイパーシャープライナー R 1200円/メイベリン ニューヨーク

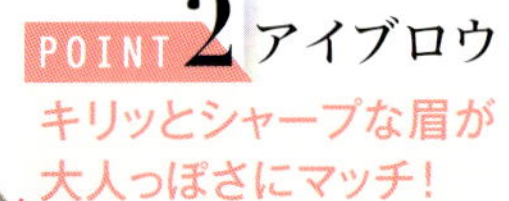

## POINT 2 アイブロウ

キリッとシャープな眉が大人っぽさにマッチ!

くわしくは → P.120

神アイテム!

1本1本リアルに描ける

K-パレット ラスティングツーウェイアイブロウリキッドWP 1200円/クオレ

神アイテム!

するする描けて立体的な唇に

ミネラルリップライナー 2800円/MiMC

## POINT 3 リップ

濃いめの発色とラインで大人っぽく!

くわしくは → P.126

NG

### ふんわり印象の太眉や丸チーク

シャープさがないぼってりとした太め眉は顔立ちに不似合いなうえ、中央に寄った顔立ちを外に散らす効果がないのでNG。また、かわいい印象になる丸チークはちぐはぐな印象になり悪目立ちします。

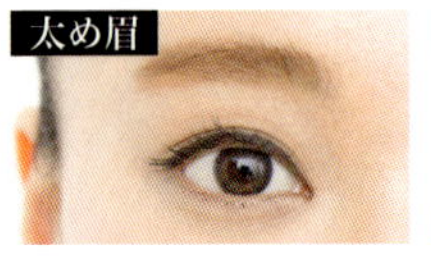

太め眉

丸チーク

メイクのくわしいやり方は PART 2 → P.96-127 パーツ別に紹介!

印象チェンジ

華やかな立体的美人 → 大人ナチュラルなメリハリ美人

### ソフトな印象をあたえるナチュラル眉

自然なカーブを描いたナチュラル眉で、シャープな印象を抑えて優しい雰囲気に。眉毛を1本ずつ描き足して眉と目の角度を合わせるのがポイント。

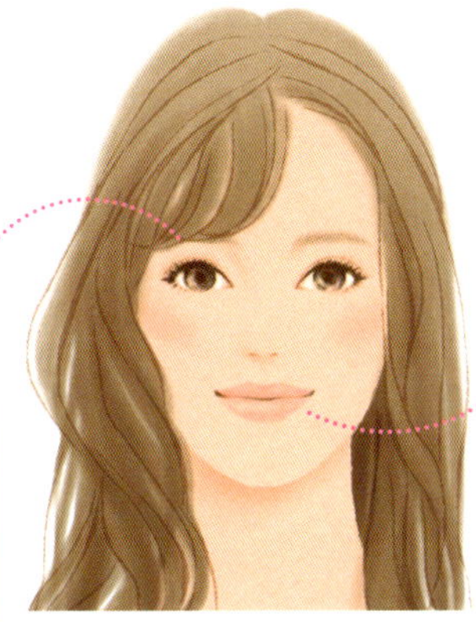

### リップラインを引いた淡めの発色の唇で抜け感を

淡めの発色のリップに変えて口元に抜け感を出すとナチュラルな印象に。リップラインはきちんと引いて、凛×凛タイプならではのシャープさは生かしましょう。

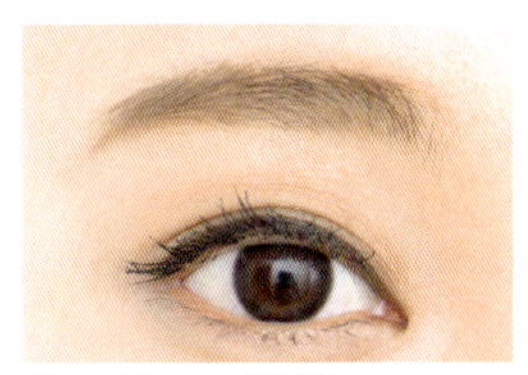

くわしくは → P.120
ナチュラル眉

くわしくは → P.126
淡めの発色のリップ＋リップライン

## Hair POINT 眉上前髪や顔周りのボリュームがパーツのバランスと好相性

前髪

### 幅は広め、長さは眉上でバランスをとる

パーツが顔の中心に集まったタイプは、前髪の幅を広めにとり、長さを眉より上にすると中心寄りのバランスがやわらぎます。額を完全に出したワンレングスは、中心寄りのパーツを強調するのでNG。

顔周り

### ボリュームをつけて小顔印象を作り出す

パーツが顔の中央寄りなので、顔周りの余白をどうカムフラージュするかがポイント。顔周りのヘアにボリュームをつけて華やかに仕上げると余白が目立たず、大人っぽい顔立ちにも似合います。

例えばこんなヘア

※髪の長さは、骨格診断（P.166-171）で説明しています。

TYPE 2

左右 上下

# 凛×優タイプ

特徴

## しっとりとした雰囲気のやわらかな大人美人

左右のバランスが中心に寄り気味なので大人っぽい印象。さらに、上下が離れ気味の面長フェイスなのでやわらかな雰囲気をかもし出し、「凛」タイプのもつシャープさをやわらげます。年齢より上に見られることも。

大人 ― 子ども

落ち着き ― 陽気

シャープ ― ソフト

このタイプの有名人

橋本マナミ・真木よう子

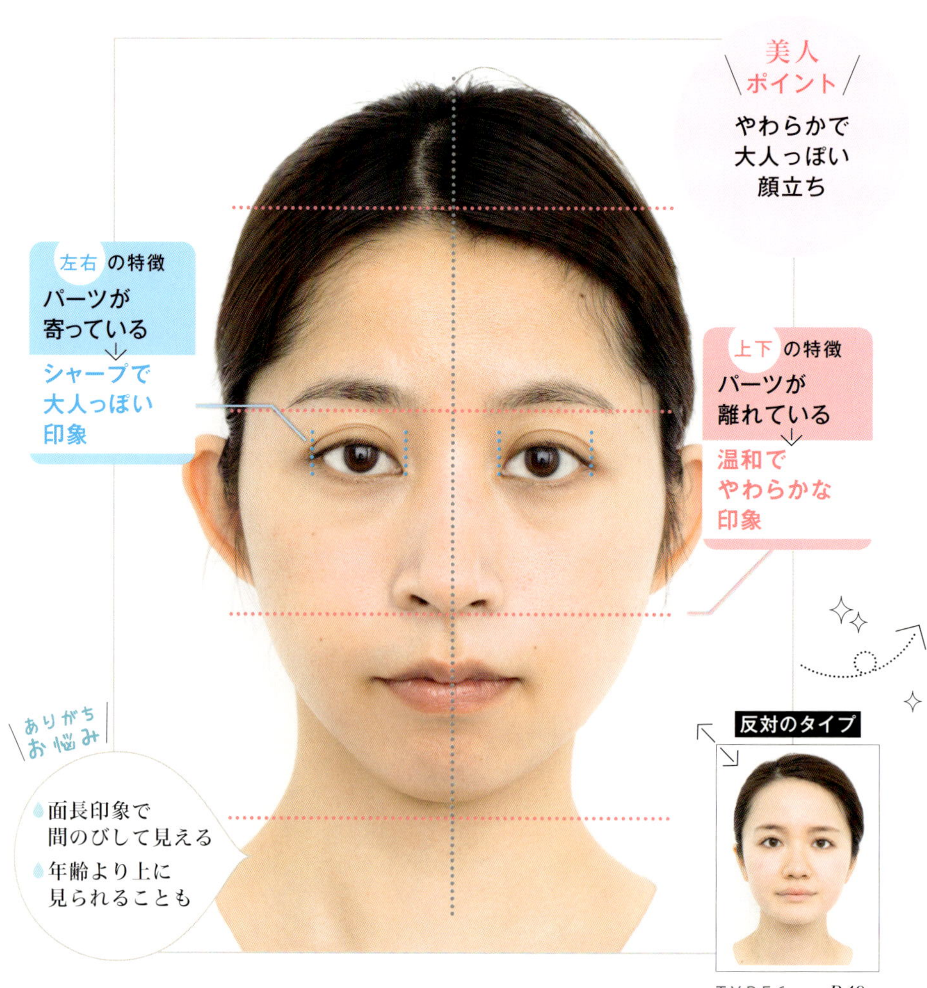

美人ポイント
やわらかで大人っぽい顔立ち
左右の特徴
パーツが寄っている
シャープで大人っぽい印象
上下の特徴
パーツが離れている
温和でやわらかな印象
ありがちお悩み
面長印象で間のびして見える
年齢より上に見られることも
反対のタイプ


TYPE6 →→ P.48

Best
MAKE
くわしくは次のページ →
かわいらしさを強調して
大人顔を癒し美人にアップデート
PART 1
TYPE 2 凛×優タイプ
31

# Make up POINT

## ラインを強調しないメイクでかわいさを演出

ラインを強調しないアイメイクでやわらかく仕上げると、落ち着いた印象を大人かわいい印象にチェンジできます。その分、眉は明るめの平行シャープ眉で引き締めて。下まぶたにもアイシャドウを入れることで、上下に離れたパーツを中心へと引き寄せます。

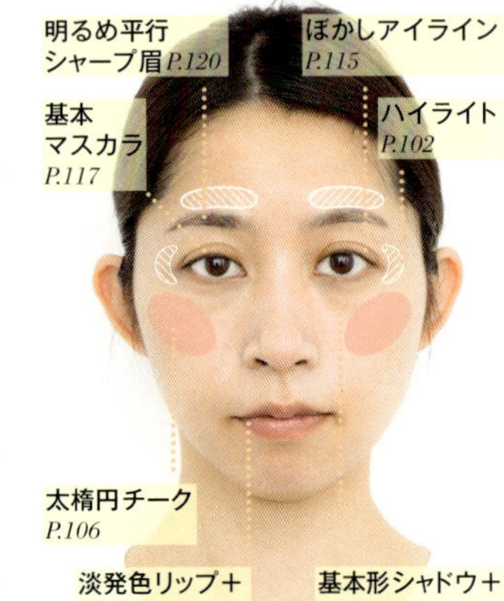
明るめ平行シャープ眉 P.120
ぼかしアイライン P.115
基本マスカラ P.117
ハイライト P.102
太楕円チーク P.106
淡発色リップ＋ライン P.126
基本形シャドウ＋下まぶた P.109
メイクプラン

＼ AFTER ／

### POINT 1 アイライン

**ぼかしアイラインでやわらかに目力アップ！**

くわしくは →▸ P.115

神アイテム！

やわらか極細芯が描きやすい

ファインラスティング ジェルアイライナー 3800円（セット価格）／エレガンス コスメティックス

### POINT 2 アイシャドウ

**下まぶたシャドウで面長をカムフラージュ！**

くわしくは →▸ P.109

神アイテム！

尖った先端ブラシが使いやすい

KOBAKO チークブラシD 4200円／貝印

### POINT 3 チーク

**太めの楕円形で顔の中心に立体感を！**

くわしくは →▸ P.106

**目尻が長めのアイラインやキリッと眉**

リキッドタイプでくっきりと引いたアイラインは、大人っぽさを強調しすぎてかわいい雰囲気にはなりにくい。また、暗めのアイブロウは眉の存在感が出て縦長印象が強調されてしまうので避けて。

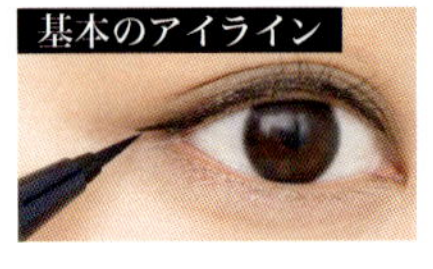
基本のアイライン

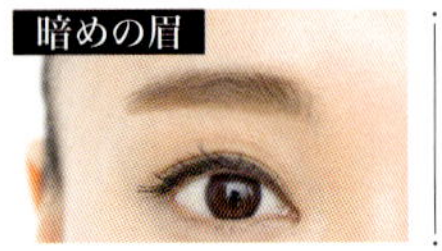
暗めの眉

メイクのくわしいやり方は PART 2 →▸ P.96-127 パーツ別に紹介！

印象チェンジ

落ち着いたかわいらしさ →→ **隙のあるかわいらしさ**

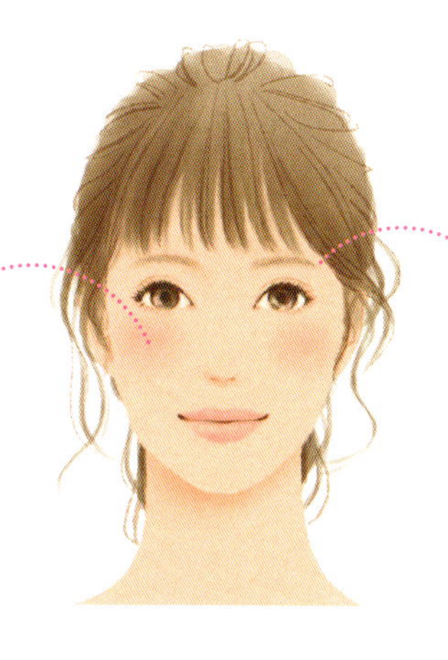

### あどけなさを演出するピュアな印象の丸チーク

笑ったときに高く盛り上がる頬骨の位置に丸くポンポンとチークを入れて。あどけなさが強調されて、大人っぽい顔立ちとのギャップで隙を演出できます。

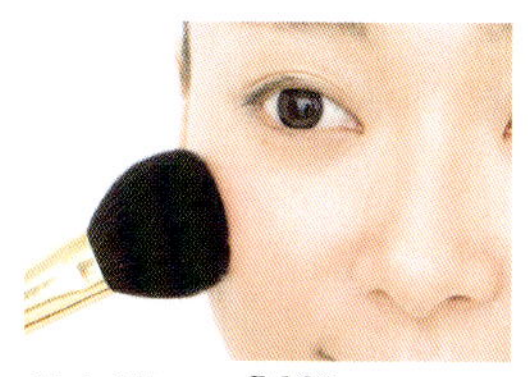

くわしくは →→ P.107
丸チーク

### やわらかなナチュラル眉でかわいらしさを全面に

丸みを帯びたナチュラル眉は、眉が主張しないのでやわらかな雰囲気を演出できます。凛×優タイプの持つ落ち着き感を抑えて、かわいらしさを強調。

くわしくは →→ P.120
ナチュラル眉

---

## Hair POINT 前髪を強調するスタイルも◎。やや広がりのあるスタイルがおすすめ

**前髪**

### 幅は広め・長さは眉より下にして凛×優印象をかわいくカバー

幅広の前髪で、中心に寄った左右のパーツを外方向へカムフラージュします。額を出すと上下に離れたパーツが強調されるので、眉より下か眉にかかるくらいの前髪アリが好相性。

**顔周り**

### ナチュラルだけどボリュームのあるヘアが似合う

顔周りに動きをつけてボリュームを出すと中心に寄った左右のパーツが目立ちません。まとめ髪をするときもタイトにせず、後れ毛を出してニュアンスを出すと、フェミニンな雰囲気にマッチ。

例えばこんなヘア

※髪の長さは、骨格診断（P.166-171）で説明しています。

TYPE 3

左右　上下

# 凛×上タイプ

特徴

## 落ち着きと知性を感じさせるシャープな印象の顔立ち

左右のバランスが中心寄り、さらに上下が上寄りのタイプは、知的でクールな印象をあたえます。メイクをするとキツイ印象になりがちなので、やわらかい要素をプラスすることでバランスをとるのがポイントです。

大人 ― 子ども
落ち着き ― 陽気
シャープ ― ソフト

このタイプの有名人

森星・山田優

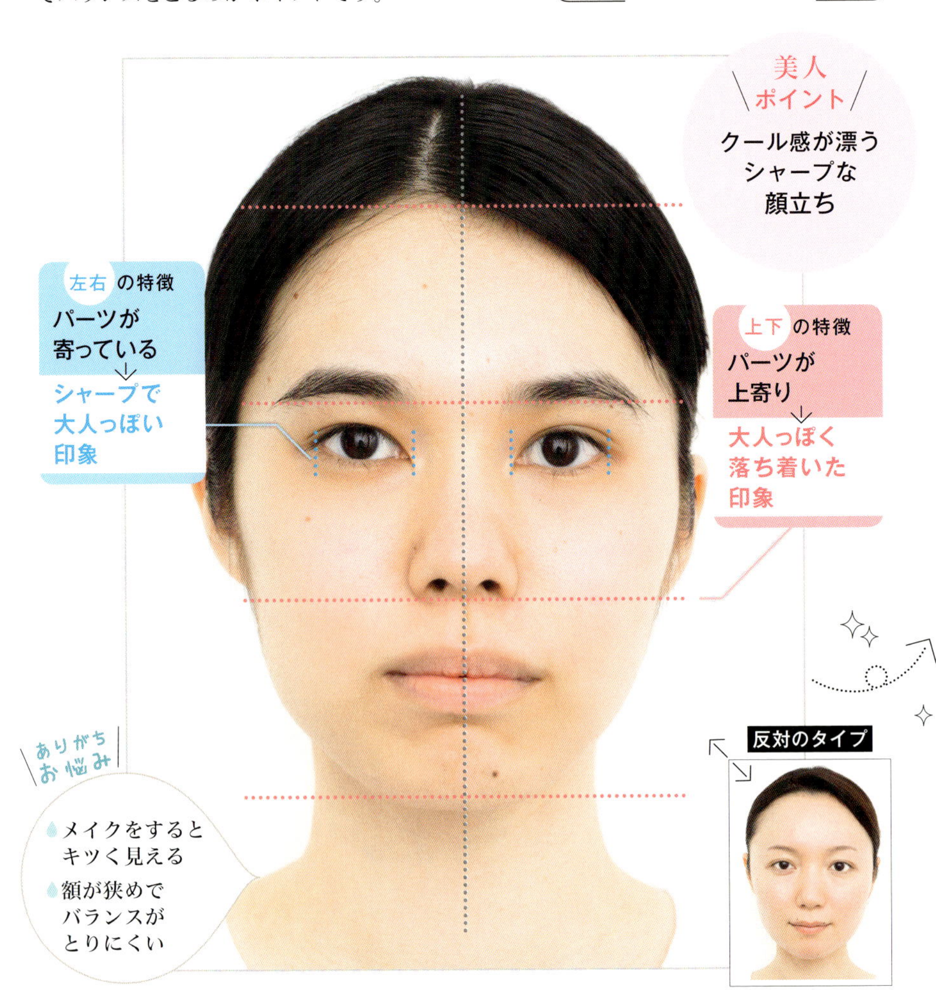

美人ポイント
クール感が漂うシャープな顔立ち
左右の特徴
パーツが寄っている
シャープで大人っぽい印象
上下の特徴
パーツが上寄り
大人っぽく落ち着いた印象
ありがち お悩み
メイクをするとキツく見える
額が狭めでバランスがとりにくい
反対のタイプ


TYPE9 →→ P.60

Best
MAKE
くわしくは次のページ →
凛とした美しさに
やわらかさをプラスして親しみ美人に
PART 1
TYPE 3 凛×上タイプ

## Make up POINT

# 凛とした印象にやわらかさを足すとベストバランス

ダークな平行シャープ眉が凛とした雰囲気にマッチします。楕円形アイシャドウ＆長めのアイラインで目幅を外に広げて、寄り気味のパーツを外へ散らしましょう。タレ目風に見える下まぶたアイシャドウをプラスすると、キツさがやわらいで親しみやすい印象に。

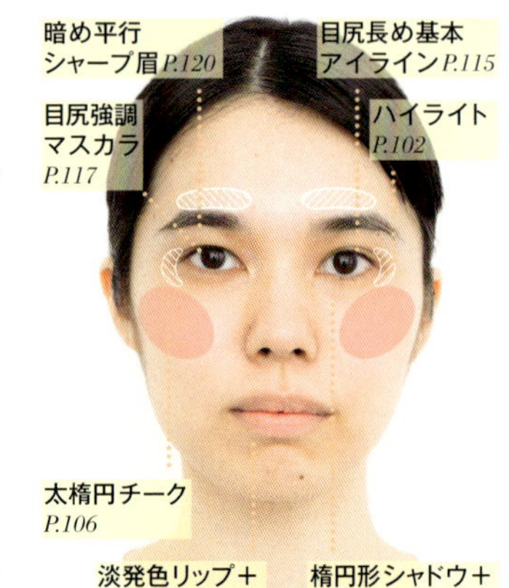

暗め平行シャープ眉 P.120
目尻長め基本アイライン P.115
目尻強調マスカラ P.117
ハイライト P.102
太楕円チーク P.106
淡発色リップ＋ライン P.126
楕円形シャドウ＋下まぶた P.109


メイクプラン

\ AFTER /

### POINT 1 アイシャドウ

**下まぶたシャドウでタレ目を仕込む！**

くわしくは →›› P.109

神アイテム！

手ぶれとにじみをブロック

ハイパーシャープライナー R 1200円／メイベリン ニューヨーク

### POINT 2 ハイライト

**眉上ハイライトで狭めの額を広げる！**

くわしくは →›› P.102

神アイテム！

ピンポイントに入れられる

オリジナル・メイクブラシ[E]4540円（税込）／MONDO-artist

### POINT 3 アイブロウ

**ダークなシャープ眉で凛とした美しさアップ！**

くわしくは →›› P.120

**NG** ふんわりとした丸チークや太眉

丸チークはあどけなさやピュアさが際立ちすぎて、凛×上タイプのシャープな顔立ちにはあまりフィットしません。また、ふんわりとした太眉もシャープさがなく印象がぼやけてしまいがちです。

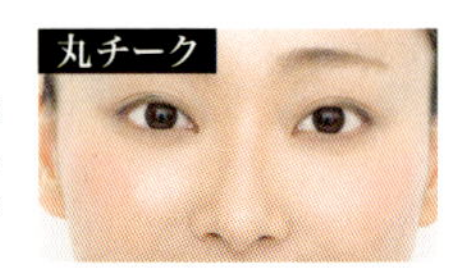
丸チーク

太め眉

メイクのくわしいやり方は PART 2 →›› P.96-127 パーツ別に紹介！

印象チェンジ

凛とした大人っぽさ → フェミニンな大人っぽさ

### 眉色チェンジでフェミニンにアップデート

眉の形は平行シャープのまま、色味を明るくするだけで抜け感が生まれ、シャープでクールな顔立ちがやわらか印象になります。女性らしさもアップ。

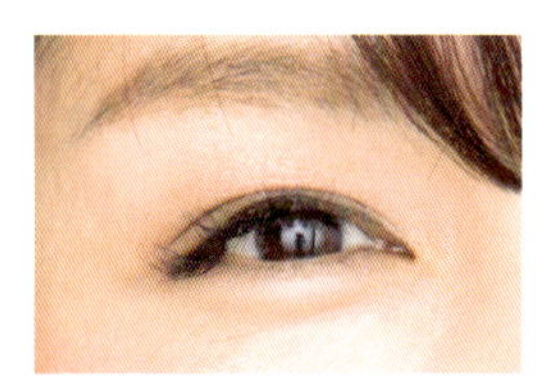

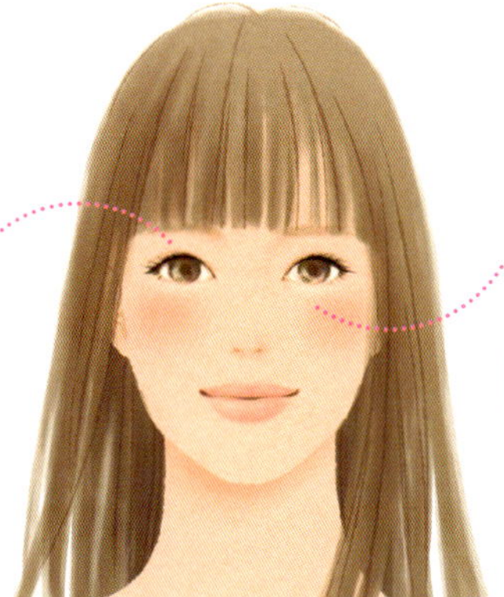

### 目の下のハイライトで顔の中心部に立体感を出す

上よりの顔なので、目の下にハイライトを入れることで中心部に立体感を演出して下寄りに調整。メリハリのある顔立ちになり、さらにやわらかな印象になります。

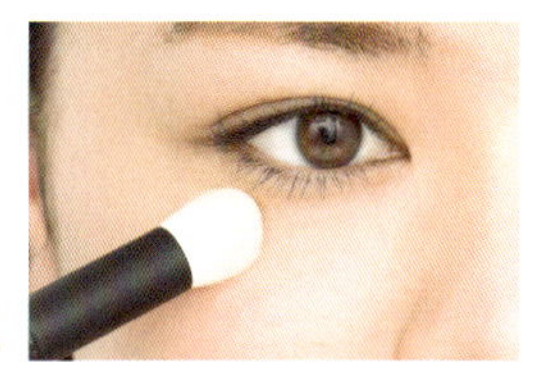

くわしくは → P.101
目の下ハイライト

## Hair POINT

## 重めの前髪が凛とした雰囲気にマッチ 顔周りのボリュームでやわらかに

**前髪**

### 幅広&眉下の前髪で左右中心寄りのパーツと狭めの額をカバー

左右のパーツが中心に寄っているので、広めにとった前髪でカムフラージュしましょう。額が狭めなので、眉の位置より長めだとバランス◎。眉上の前髪やワンレングスだと額の狭さが強調されます。

**顔周り**

### 重めボリュームヘアで中心寄りのパーツを緩和

左右のパーツが中央に寄り気味の人は顔周りのボリューム感がマスト。サイドは耳にかけずにおろして。凛×上タイプの大人シャープな顔立ちには、くせ毛風の重めボリューミーヘアも相性◎。

例えば こんなヘア

※髪の長さは、骨格診断（P.166-171）で説明しています。

TYPE
4

# 左右 凛 × 上下 下 タイプ

特徴

## 大人と子どもが同居した小悪魔なギャップが魅力

左右が寄ったクール＆シャープさと、額が広めで下寄りの無邪気なかわいさが同居したギャップのある顔立ち。きれいめにもかわいらしい感じにも、メイクによって雰囲気をがらりと変えることができるタイプです。

大人 ― 子ども
落ち着き ― 陽気
シャープ ― ソフト

このタイプの有名人

北川景子・小泉今日子

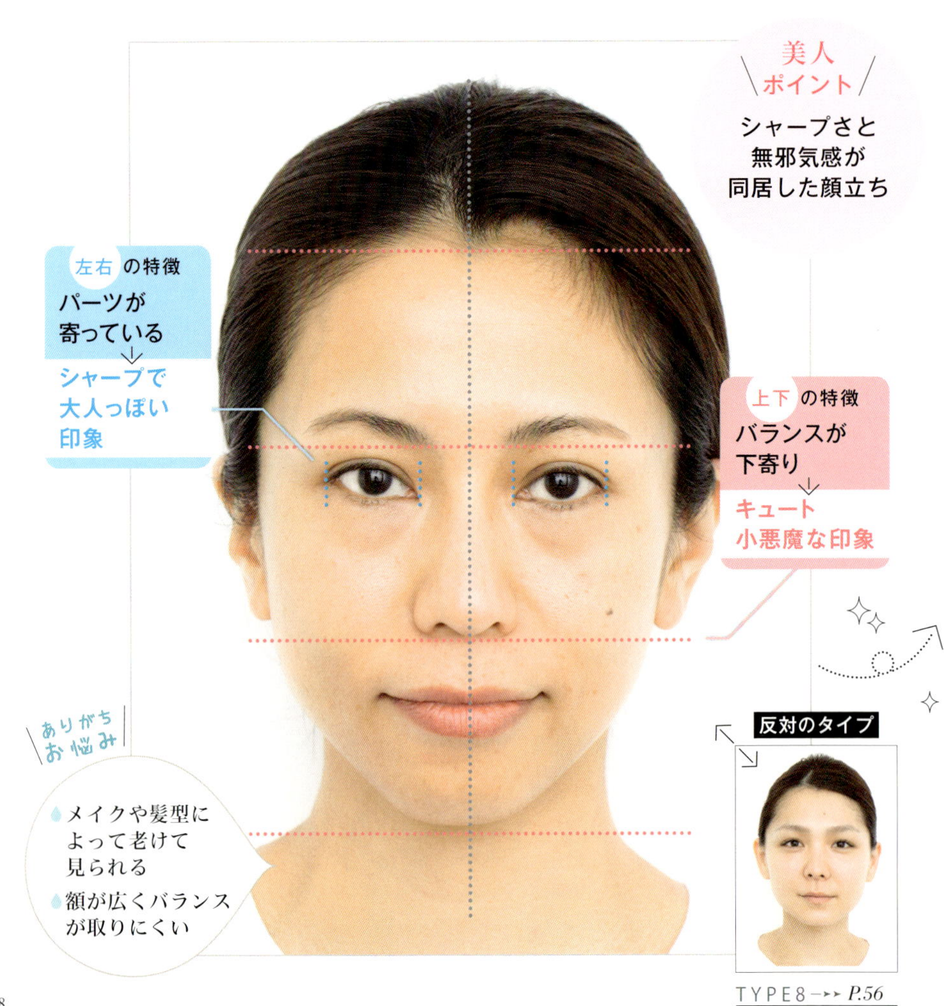
美人ポイント
シャープさと
無邪気感が
同居した顔立ち
左右の特徴
パーツが
寄っている
シャープで
大人っぽい
印象
上下の特徴
バランスが
下寄り
キュート
小悪魔な印象
ありがち
お悩み
メイクや髪型によって老けて見られる
額が広くバランスが取りにくい
反対のタイプ

TYPE8 →→ P.56

Best
MAKE

くわしくは次のページ →

# 下顔のもつかわいらしさに
# シャープなメイクでスパイスを添える

## Make up POINT

# 小悪魔っぽさを強調する シャープメイクがマッチ

アイメイクは横方向に広げ、リップラインで口元を引き締めましょう。平行シャープ眉はややダークな色で描いて存在感を強め、下に寄ったパーツを上に引き上げます。シャープなメイクをしても、下顔特有の無邪気さが加わって小悪魔っぽくなるのが強みです。

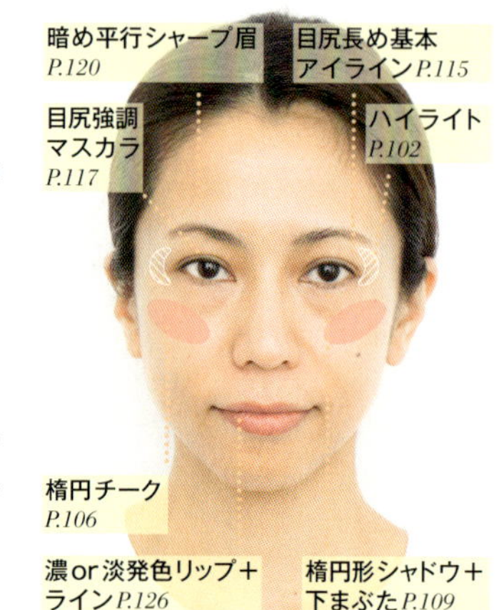

暗め平行シャープ眉 P.120
目尻長め基本アイライン P.115
目尻強調マスカラ P.117
ハイライト P.102
楕円チーク P.106
濃or淡発色リップ＋ライン P.126
楕円形シャドウ＋下まぶた P.109


メイクプラン

\ AFTER /

### POINT 1 アイライン

長めの目尻でキリッとツヤっぽく！

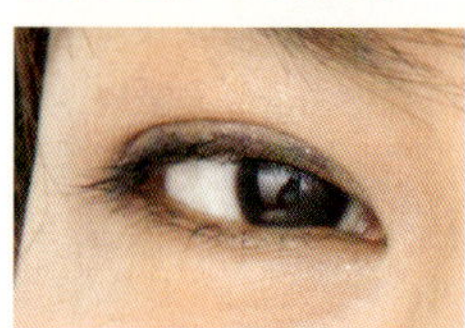

くわしくは ―▸▸ P.115

神アイテム！

手ぶれとにじみをブロック

ハイパーシャープライナー R 1200円／メイベリン ニューヨーク

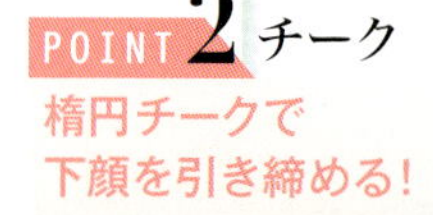

### POINT 2 チーク

楕円チークで下顔を引き締める！

くわしくは ―▸▸ P.106

### POINT 3 リップライン

リップラインを引いてシャープな口元に！

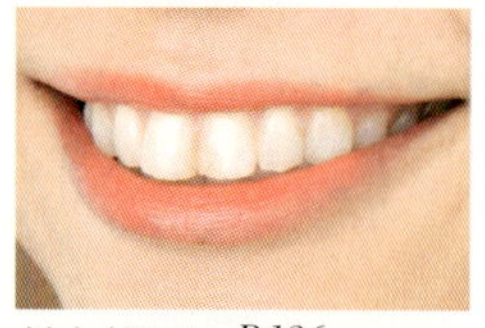

くわしくは ―▸▸ P.126

**NG** 透明感のあるふんわりキュート顔メイク

ぼかしアイラインや丸形アイシャドウ、丸チークのようなキュートな印象のメイクは、左右のパーツが寄ったタイプのシャープな顔立ちにはミスマッチ。キリッと引き締める方が顔立ちの魅力が引き立ちます。

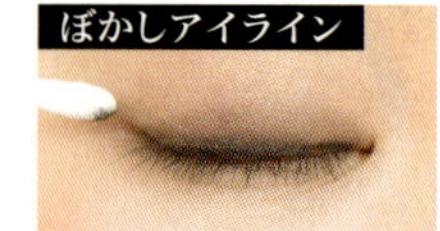

ぼかしアイライン

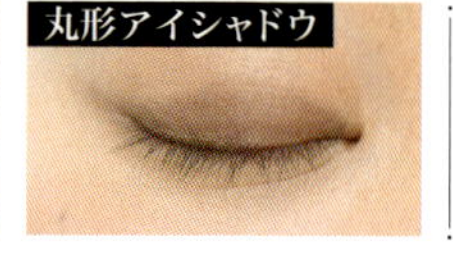

丸形アイシャドウ

メイクのくわしいやり方は PART 2 ―▸▸ P.96-127 パーツ別に紹介！

印象チェンジ

シャープな小悪魔 → あざとかわいいキュートさ

### 淡めリップ直塗りで無邪気感をアピール

チークの血色に合わせた淡め発色のリップを、ぽってりと直塗りして。リップラインは不要。子どものような無敵のキュートさを演出できます。

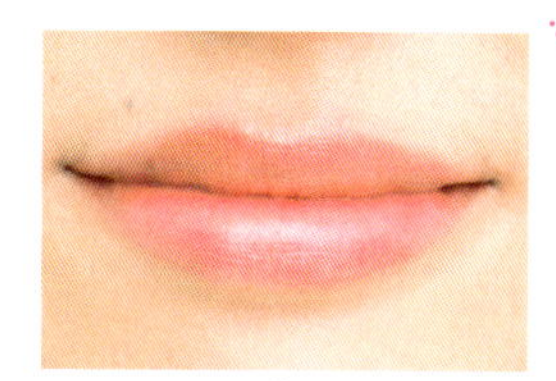

くわしくは →→ P.126
淡め発色のリップ

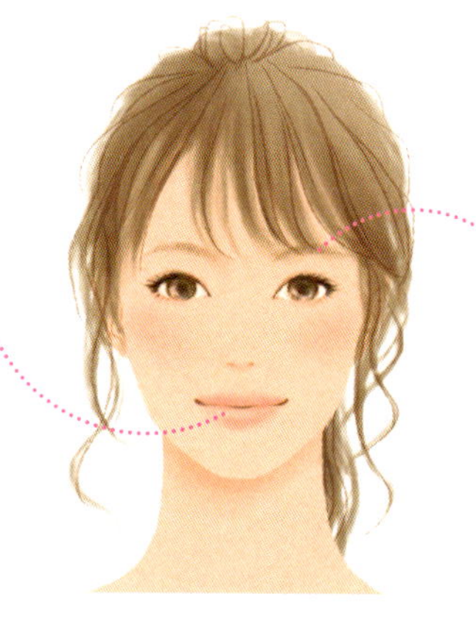

### 目のカーブに合わせた自然なナチュラル眉

目のカーブに合わせたナチュラルな眉でやわらかさを演出。特に、眉頭から眉山までのゾーンは直線的ではなく、緩やかなカーブを描くようにすると◎。

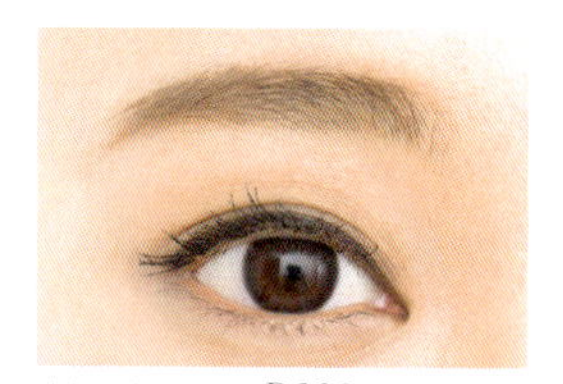

くわしくは →→ P.120
ナチュラル眉

## Hair POINT

## 立体感のあるニュアンスヘアが似合う。前髪は幅広眉ラインが神バランス

前髪

### 幅は広め、長さは眉より長めで左右中心寄り・下顔を補正

前髪の幅を広めにとることで、中心に寄った左右のパーツが目立ちません。上下のパーツが下寄りで額が広めなので、眉ラインの前髪が◎。ワンレングスは額の広さを強調するのでアンバランスです。

顔周り

### 後れ毛を巻いてボリューミーにアップスタイルでキュート系にも

顔周りの毛束にボリュームを出して立体感を作るのが似合う顔立ち。ヘアアイロンでニュアンスをつけてもいいでしょう。下顔なのでアップスタイルにすると視線が上にきて好バランス。

例えばこんなヘア

※髪の長さは、骨格診断（P.166-171）で説明しています。

TYPE 5

左右 上下

# 凛×麗 タイプ

特徴

## 上品でバランスのとれたシャープ系大人顔

左右バランスが中央に寄っているため、シャープで大人っぽい印象。さらに、上下のバランスが理想的なので、洗練された印象が加わり、大人っぽさが増し、クールビューティな雰囲気。気が強そうに見られてしまうことも。

大人 — 子ども

落ち着き — 陽気

シャープ — ソフト

このタイプの有名人

河北麻友子・鈴木保奈美

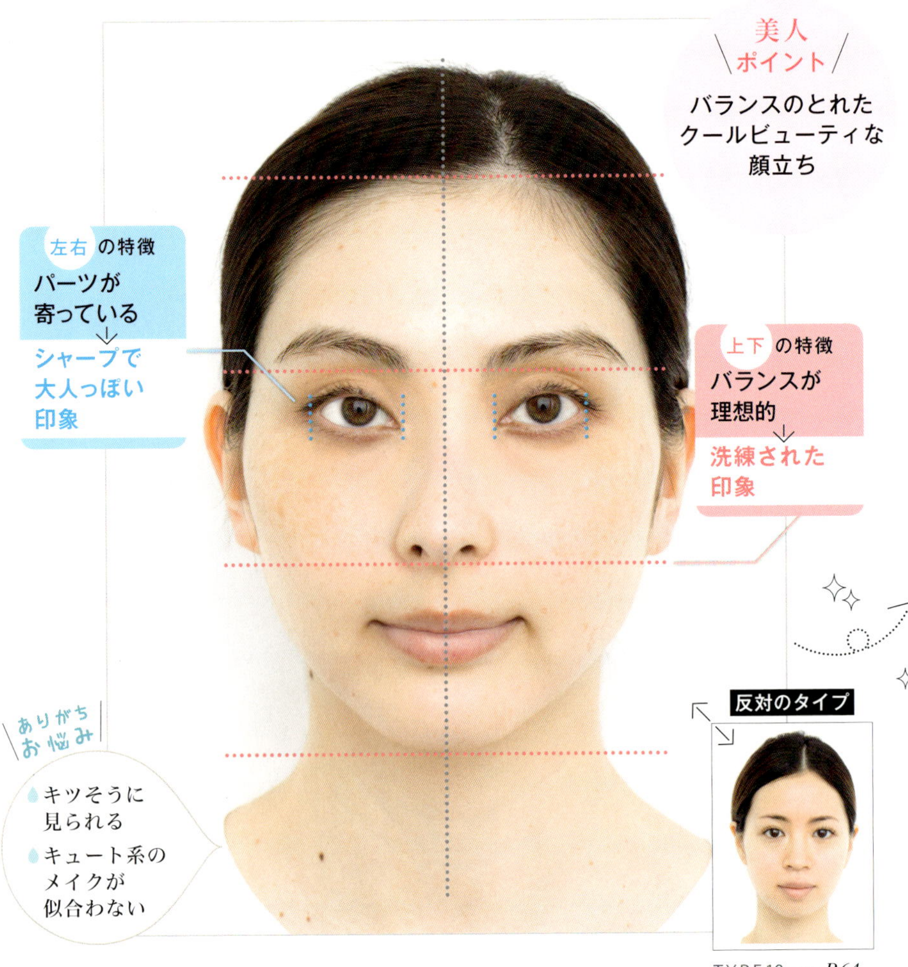

美人ポイント
バランスのとれたクールビューティな顔立ち
左右の特徴
パーツが寄っている
シャープで大人っぽい印象
上下の特徴
バランスが理想的
洗練された印象
ありがちお悩み
キツそうに見られる
キュート系のメイクが似合わない
反対のタイプ


TYPE 10 →P.64

Best
MAKE
くわしくは次のページ →
シャープな顔立ちは生かして
目尻を外に広げてやさしげに
PART 1
TYPE 5 凛×麗タイプ

# *Make up* POINT

## ラインを意識したメイクで クール美人度をアップさせる

バランスの取れたシャープな大人顔を生かすと魅力がアップします。平行シャープ眉やリップラインで印象を引き締めて。左右のパーツが中央に寄っているので楕円形シャドウと長めアイライン、目尻強調マスカラで目元を外方向へ修正すると、キツイ印象がやわらぎます。

平行シャープ眉 P.120
目尻長め基本アイライン P.115
目尻強調マスカラ P.117
ハイライト P.102
楕円チーク P.106
淡発色リップ＋ライン P.126
楕円形シャドウ＋下まぶた P.109


メイクプラン

\ AFTER /


### POINT 1 アイライン

**目尻長めアイラインで 目幅を広げて視線を外へ！**

くわしくは →→ P.115

**神アイテム！** 手ぶれとにじみをブロック

ハイパーシャープライナー R 1200円／メイベリン ニューヨーク

### POINT 2 アイブロウ

**顔立ちを引き締める 平行シャープ眉！**

くわしくは →→ P.120

**神アイテム！** 1本1本リアルに描ける

K-パレット ラスティングツーウェイアイブロウリキッドWP 1200円／クオレ

### POINT 3 リップ

**淡発色で印象を軽しつつ ラインで引き締める！**

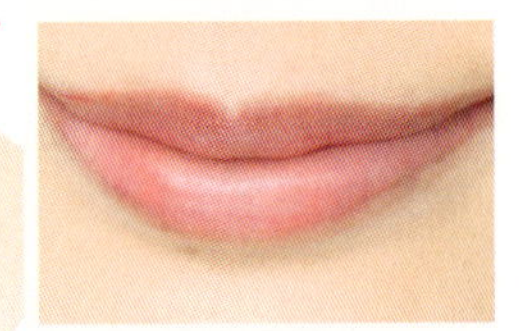

くわしくは →→ P.126

### NG 淡い印象の太め眉やぼかしアイライン

ふんわりとした太眉やぼかしアイラインはぼやけた印象になるのでNG。左右のバランスが中央寄りの人は輪郭をはっきりさせるのがメイクの基本ルール。シャープさは残しましょう。

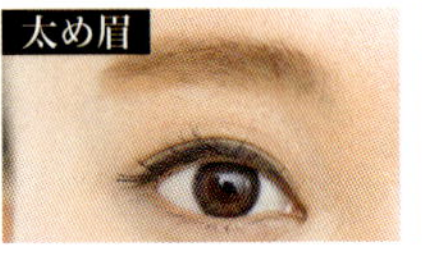

太め眉


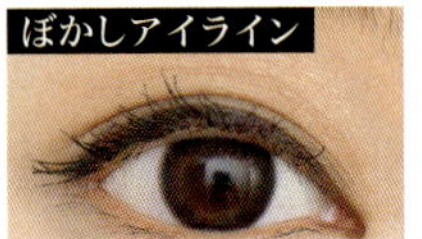

ぼかしアイライン


メイクのくわしいやり方は PART 2 →→ P.96-127 パーツ別に紹介！

## 印象チェンジ

クール美人 ➤➤ **大人の抜け感**

### 目のカーブに合わせたナチュラル眉

自然な曲線を描いたナチュラル眉でやわらかな印象に。ペンシルで眉毛の1本1本を描き足してブラシでぼかすだけなので、ナチュラルな印象になります。

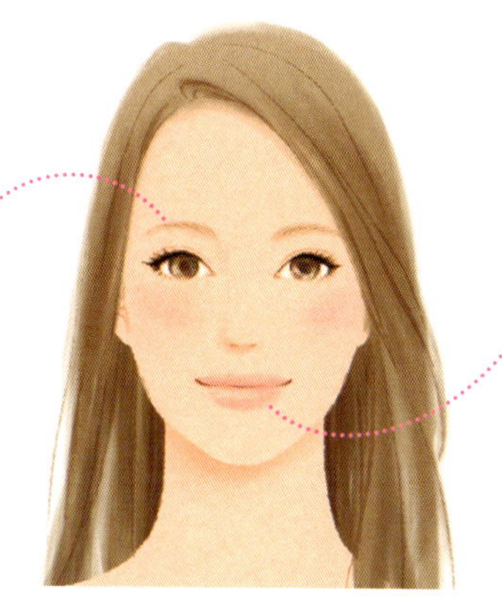

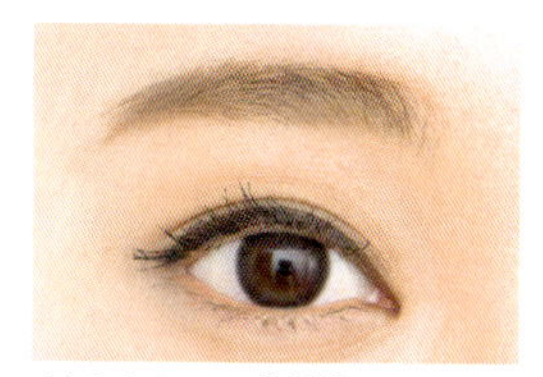

くわしくは ➤➤ P.120
ナチュラル眉

### ラインをとらず血色感だけを唇にプラス

リップラインをひいて口元にもシャープさを出すのがルールですが、ラインをとらず輪郭をあいまいにぽってりと塗ると抜け感が出て大人かわいい印象に。

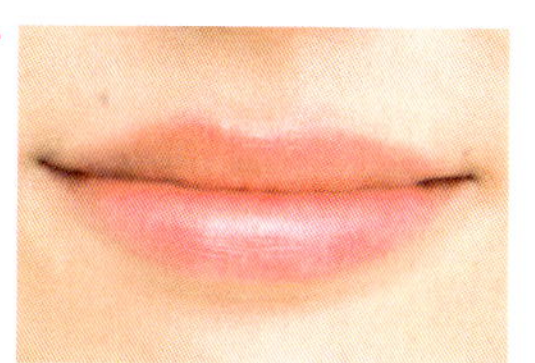

## Hair POINT

# 上品なボリュームスタイルが好相性 前髪なしから重め前髪まで何でも似合う

#### 前髪

### 前髪は幅広がおすすめ ワンレンも似合うので好みで

中央に寄ったパーツを目立たせないために前髪は幅広に取りますが、長さは何でも似合います。上下のバランスのよさを生かしたワンレングスも似合うので、前髪のバリエーションでイメチェンも可能です。

#### 顔周り

### 顔周りのボリュームを出してバランスの良さがアップ

顔周りにボリュームを出すと、左右のパーツが中央に寄っている印象がやわらぐのと同時に、顔立ちのバランスのよさも引き立ちます。長めの前髪を作って、顔のサイドにかかるように流すのも似合います。

例えば こんなヘア

※髪の長さは、骨格診断（P.166-171）で説明しています。

# 左右 優 タイプ

ソフトな印象／フレッシュな印象

TYPE 6

優×凛

BEFORE

»

AFTER

TYPE 7

優×優

BEFORE

»

AFTER

TYPE
8
優×上
BEFORE
»
AFTER

TYPE
9
優×下
BEFORE
»
AFTER

TYPE
10
優×麗
BEFORE
»
AFTER

TYPE 6

左右 上下

# 優×凛 タイプ

特徴

## キュートさを残したエキゾチックな顔立ち

目と目が離れ気味なのでキュートな印象ですが、上下のバランスが中心寄りなので顔の中央に立体感があり、華やかでエキゾチックな雰囲気も感じられます。額が広めなので年齢よりも幼く見られることも。

| | | |
|---|---|---|
| 大人 | | 子ども |
| 落ち着き | | 陽気 |
| シャープ | | ソフト |

このタイプの有名人

井川遥・長澤まさみ

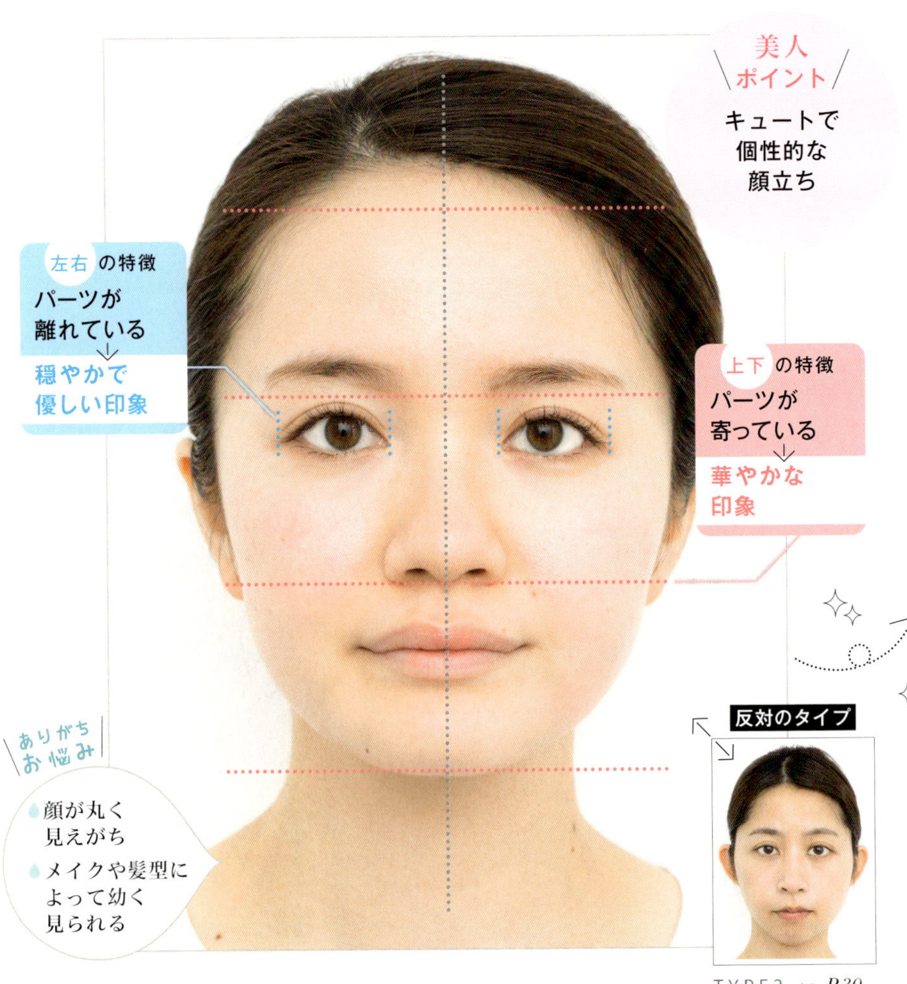

美人ポイント
キュートで個性的な顔立ち
左右の特徴
パーツが離れている
穏やかで優しい印象
上下の特徴
パーツが寄っている
華やかな印象
ありがち お悩み
顔が丸く見えがち
メイクや髪型によって幼く見られる
反対のタイプ


TYPE2 →▸▸ P.30

Best MAKE

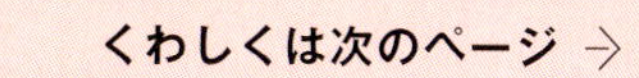
くわしくは次のページ →

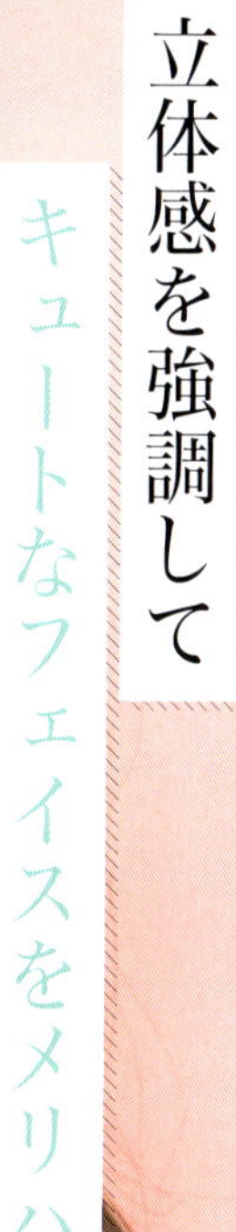

# 立体感を強調して キュートなフェイスをメリハリ美人に

## Make up POINT

# 太めのナチュラル眉が顔立ちにメリハリを演出

パーツが左右に離れているので童顔の印象ですが、本来立体感のある顔なので、メイクでメリハリを足すと美人度がアップ。眉はナチュラルな形でやや太めに仕上げて顔立ちにメリハリを。顔幅が広く見えがちなので、縦に広げるメイクを意識してバランスをとって。

やや太め
ナチュラル眉 P.120
縦幅強調
アイライン P.115
基本
マスカラ
P.117
ハイライト
P.102
細楕円チーク
P.107
淡発色リップ
P.126
丸形シャドウ
P.109

メイクプラン

＼ AFTER ／

POINT 1 アイライン

**黒目の上を強調して目の縦幅を拡大！**

くわしくは ―▸▸ P.115

神アイテム！

やわらか極細芯が描きやすい

ファインラスティング ジェルアイライナー 3800円（セット価格）／エレガンス コスメティックス

POINT 2 アイブロウ

**太めナチュラルで顔にメリハリを！**

くわしくは ―▸▸ P.120

神アイテム！

自眉のような自然な仕上がり

スージー スリム エキスパートSP 1200円／KISSME P.N.Y.（伊勢半）

POINT 3 チーク

**細めチークで横幅を狭める！**

くわしくは ―▸▸ P.106

**NG** 切れ長な印象のアイライン、アイシャドウ

上下に寄った顔立ちは縦のラインが短く見える分、横に強調されて見えがち。さらに目が離れているので目尻長めアイラインや楕円形のアイシャドウは、目の幅が横方向に拡大して横幅印象が強くなってしまいます。

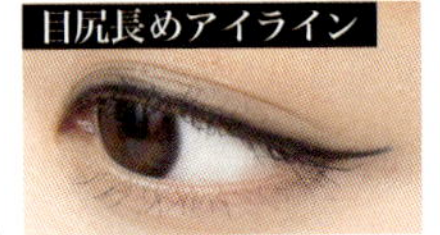
目尻長めアイライン

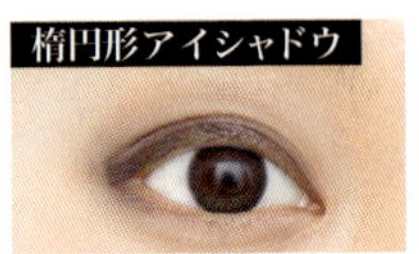
楕円形アイシャドウ

メイクのくわしいやり方は PART 2 ―▸▸ P.96-127 パーツ別に紹介！

印象
チェンジ

キュート&
エキゾチック

→ **ふんわりキュート**

### Cゾーンのハイライトで目元の立体感を作る

目尻を囲むCゾーンにハイライトをふわっとのせます。目周りがパッと明るく立体感が生まれて、やわらかなかわいらしさが引き立ちます。

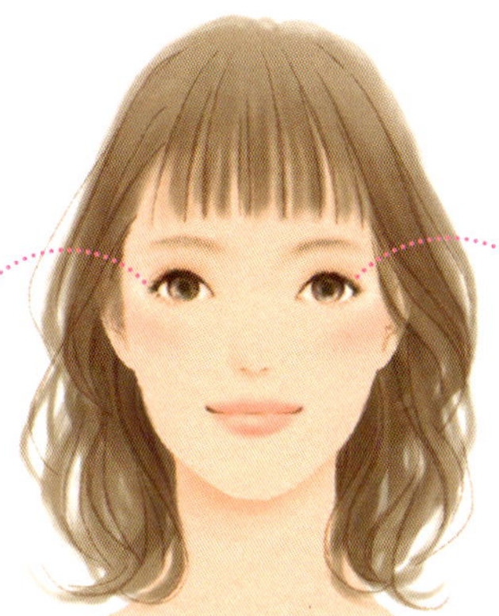

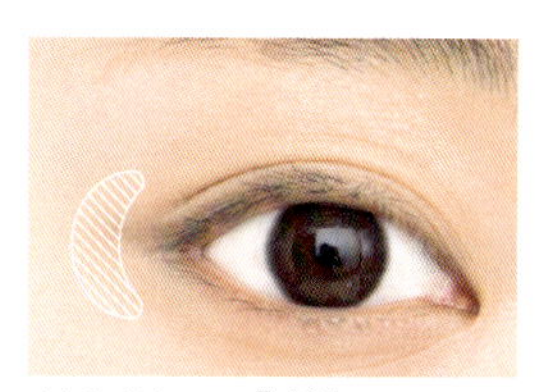

くわしくは → P.101
目の外側ハイライト

### 淡いグラデーションでナチュラルな陰影を

アイシャドウはブラシを使うとふわっと陰影がつくので目元の印象が強くなりすぎません。エキゾチックな要素が薄まり、キュートな印象に仕上がります。

## Hair POINT

## ボリュームを抑えたナチュラルヘアがソフトキュートな印象に似合う

**前髪**

### 眉上&アシンメトリーなどエッジのきいた個性派ヘアも似合う

目と目が離れ気味なので、狭めの前髪でバランスをとって。上下のパーツが中心によったエキゾチックな顔立ちには、眉上やアシンメトリーの前髪も◎。ワンレングスだと額の広さや顔の横幅が目立ちます。

**顔周り**

### ボリュームを抑えて小顔に横幅を目立たせない工夫を

パーツが左右に離れた顔立ちは顔の横幅が強調されがちなので、顔周りにボリュームがないほうが小顔印象になり全体のバランスが整います。ダウンスタイルは片方を耳にかけるなどしてすっきりと。

例えば
こんなヘア

※髪の長さは、骨格診断(P.166-171)で説明しています。

TYPE
7

左右　上下

# 優×優 タイプ

特徴

| 大人 | | 子ども |
| --- | --- | --- |
| 落ち着き | | 陽気 |
| シャープ | | ソフト |

## チャーミングな癒し系ほんわか美人

パーツが左右、上下両方に離れ気味な面長印象の優×優タイプ。のんびり、穏やかな印象をあたえるキュートな癒し系フェイスです。顔立ちがやや平面的なので、メイクによってはのっぺり見えてしまうことも。

このタイプの有名人

篠原涼子・土屋太鳳

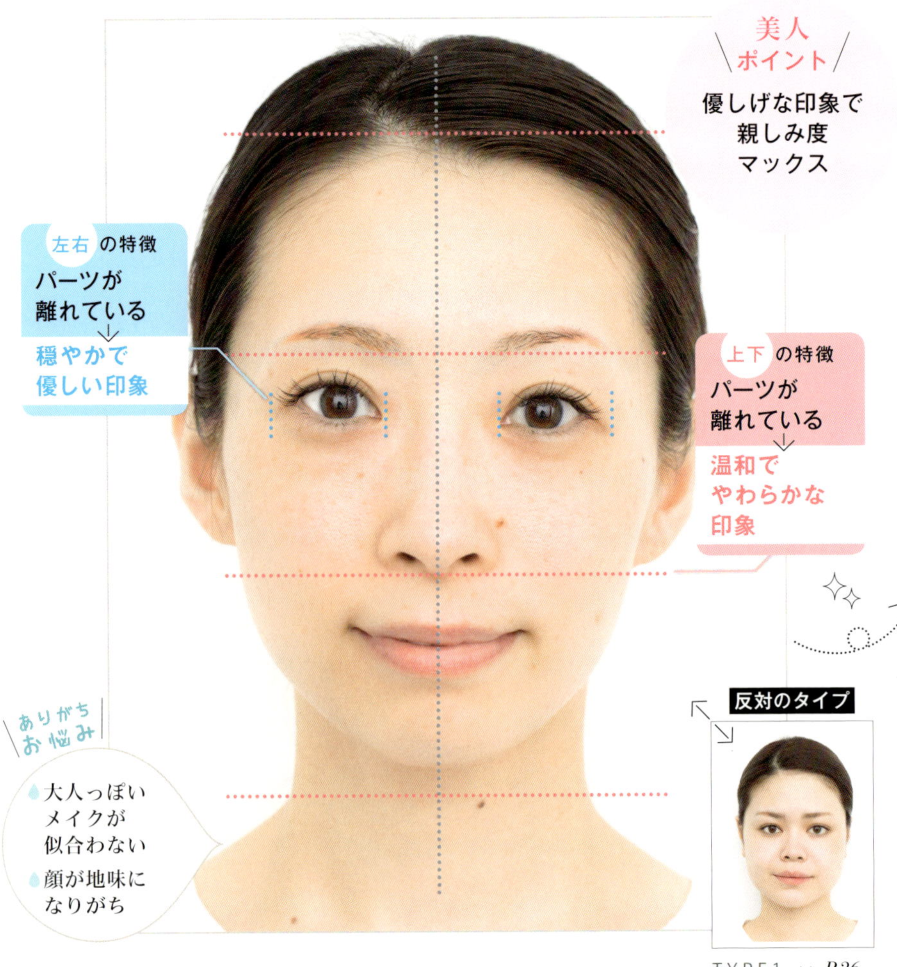
美人ポイント
優しげな印象で親しみ度マックス
左右の特徴
パーツが離れている
穏やかで優しい印象
上下の特徴
パーツが離れている
温和でやわらかな印象
ありがち お悩み
大人っぽいメイクが似合わない
顔が地味になりがち
反対のタイプ

TYPE1 → P.26

Best
MAKE
くわしくは次のページ →
立体感を足して華やかに
近づきたくなるキュートな癒し系美人
PART 1
TYPE 7 優×優タイプ

## Make up POINT

# ハイライトとチークで立体感を出してキュート系美人に

癒し系の顔立ちを生かしたふんわりキュートなメイクが好印象。太めの眉や、淡めのアイシャドウグラデーションが顔立ちの雰囲気とマッチ。顔の中央にハイライトで立体感を足し、ふんわりと丸チークを広めの頬にのせると、顔にメリハリが生まれます。

太眉 P.120
基本アイライン P.115
基本マスカラ P.117
ハイライト P.102
丸チーク P.107
淡発色リップ P.126
基本形シャドウ淡め P.109

メイクプラン

\ AFTER /


### POINT 1 チーク

ふんわり丸チークで面長印象をやわらげる!

くわしくは →▸▸ P.107

神アイテム!

自然な発色&グラデが簡単!

S110チーク 丸平 7900円／白鳳堂

### POINT 2 ハイライト

中心に高さを出してメリハリフェイスに!

くわしくは →▸▸ P.102

神アイテム!

ピンポイントに入れられる

オリジナル・メイクブラシ[E]4540円（税込）／MONDO-artist

### POINT 3 アイブロウ

ぽってりな太眉が癒し系の顔にマッチ!

くわしくは →▸▸ P.120

神アイテム!

眉毛1本1本が色づく!

ケイト 3Dアイブロウカラー 850円（編集部調べ）／カネボウ化粧品

**NG** ラインを強調した濃いめ発色のリップ

輪郭を強調した濃いめリップを塗ると、顔が下重心に見えて面長印象の顔立ちがさらに強調されていまいます。淡めのリップと太めのぽってりとした眉で、顔の上下のパーツに強さを出さないのがコツです。

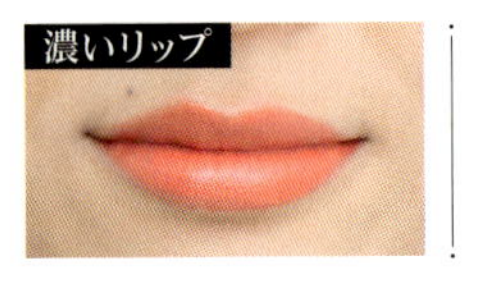

濃いリップ

メイクのくわしいやり方は PART 2 →▸▸ P.96-127 パーツ別に紹介!

## 印象チェンジ

ほんわかキュート  **キリッとしたかわいさ**

### 長めアイラインで すっきりとした目元に

アイラインの目尻を長めにして目元に色っぽさをプラス。不自然に跳ね上げず、目のカーブに合わせて自然に伸ばして。切れ長印象が生まれます。

くわしくは ―➤➤ P.115

基本のアイライン+目尻長め

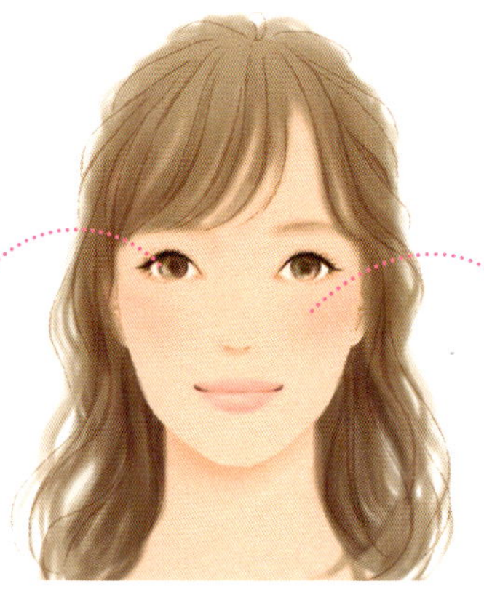

### 楕円チークで シャープさをプラス

ふんわり丸チークを楕円に変えるだけで、顔立ちが引き締まってシャープな印象になります。頬の高い位置から、頬骨に沿ってこめかみ方向へ乗せて。

くわしくは ―➤➤ P.106

楕円チーク

---

## Hair POINT

## ボリュームを抑えた 作り込まないナチュラルスタイルが◎

**前髪**

### 幅は狭めで長さは眉下ライン 前髪がある方がバランスがいい

眉が隠れる長さにすると、面長印象がやわらぎ、グッドバランス。幅は狭めにしてソフトフェイスを引き締めましょう。ワレングスだと面長印象や顔の横幅を強調してしまうのでNG。

**顔周り**

### ボリュームを抑えて すっきりと

目と目が離れ気味なので、顔周りのボリュームは出さない方が似合います。ハーフアップにしてすっきりさせるか、耳にかけても。ボリュームを出さないシンプルなスタイルが優×優の雰囲気にぴったり。

例えば こんなヘア

※髪の長さは、骨格診断(P.166-171)で説明しています。

TYPE 8

左右 上下

# 優×上 タイプ

特徴

## 落ち着きのなかに宿る親しみやすいキュートさ

左右が離れ気味なので親しみやすさを感じますが、上下のバランスが上寄りなので落ち着いた印象も。まさに大人キュートというイメージがぴったり。メイクによって大人っぽくもかわいくもなれるタイプです。

| | | |
|---|---|---|
| 大人 | | 子ども |
| 落ち着き | | 陽気 |
| シャープ | | ソフト |

このタイプの有名人

榮倉奈々・吉高由里子

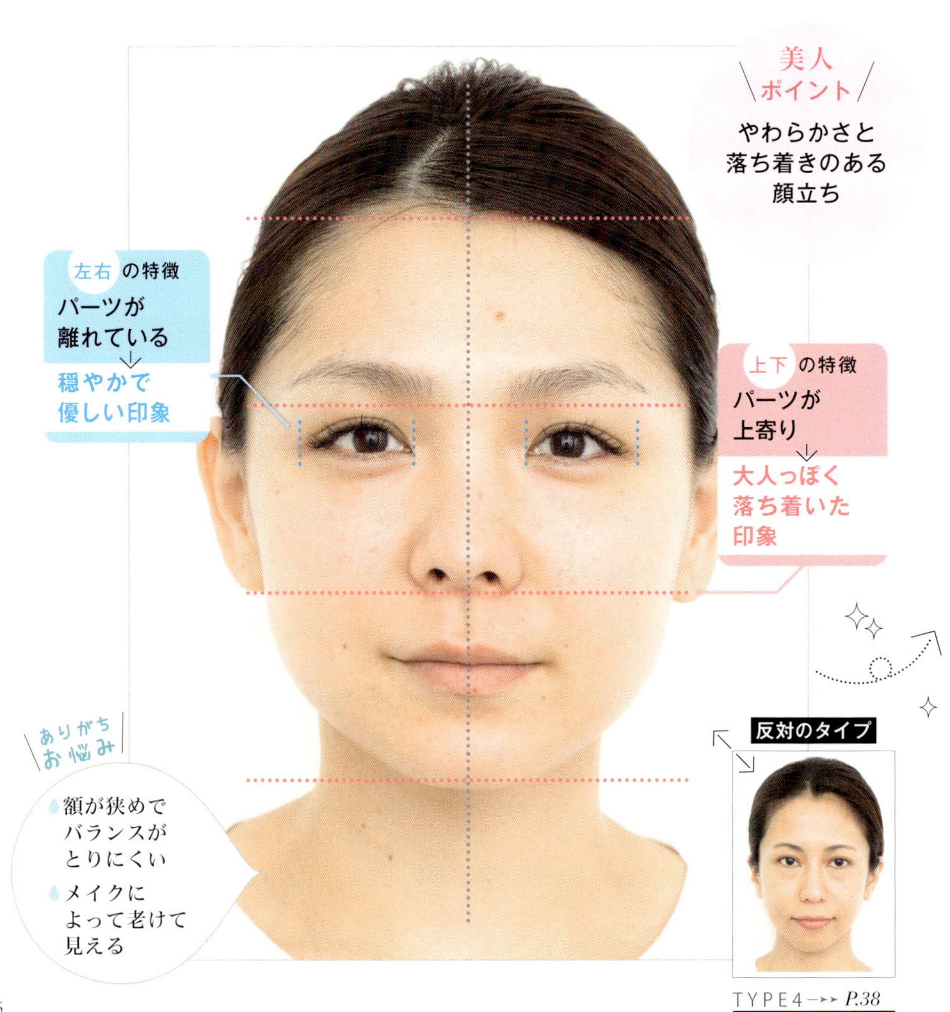

美人ポイント
やわらかさと落ち着きのある顔立ち
左右の特徴
パーツが離れている
穏やかで優しい印象
上下の特徴
パーツが上寄り
大人っぽく落ち着いた印象
ありがちお悩み
額が狭めでバランスがとりにくい
メイクによって老けて見える
反対のタイプ


TYPE4 →▸ P.38

くわしくは次のページ →

Best MAKE

# 下まぶたシャドウでタレ目風。大人かわいさを仕込んで魅力的に

# Make up POINT

## ラインを強調しないメイクで大人かわいさを引き出す

上寄りの顔は大人っぽさもあるため、キリッと系メイクは老けやすいので注意。ラインを強調しないアイメイクでかわいらしさを残します。また、タレ目風になる下まぶたのシャドウでキュート感を仕込んで。眉は明るめにして上寄りのパーツを修正します。

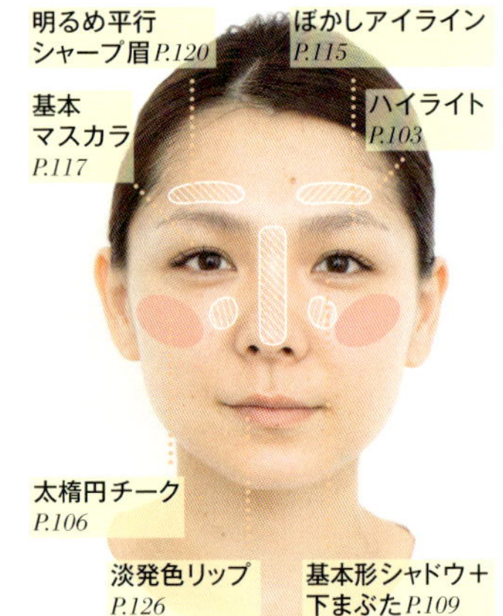

明るめ平行シャープ眉 P.120
ぼかしアイライン P.115
基本マスカラ P.117
ハイライト P.103
太楕円チーク P.106
淡発色リップ P.126
基本形シャドウ＋下まぶた P.109


メイクプラン

＼ AFTER ／

### POINT 1 アイブロウ

明るめ平行シャープ眉で上寄りのパーツを調整！

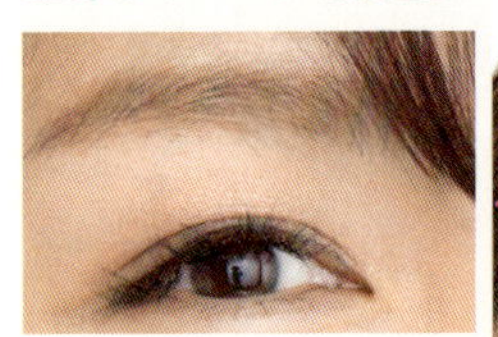

くわしくは →▸ P.120

**神アイテム！**

どんな眉も自由自在に描ける

アイブロウ クリエイティブパレット 4200円／イプサ

### POINT 2 アイシャドウ

下まぶたシャドウでキュートさアップ！

くわしくは →▸ P.109

### POINT 3 リップ

ラインなし淡リップが大人かわいさにマッチ！

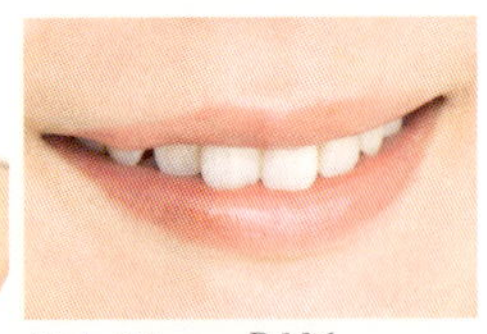

くわしくは →▸ P.126

**NG 目元を盛った濃過ぎるアイメイク**

目元を囲んだ濃いめのアイシャドウや、シャープさを強調した目尻長めアイラインは大人感が強調されすぎてしまい、優×上タイプの人が本来持つ大人キュートさが半減。老けて見られてしまうことも。

囲み系アイシャドウ

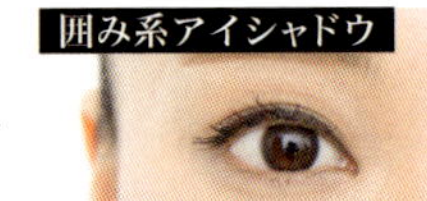

目尻長めアイライン

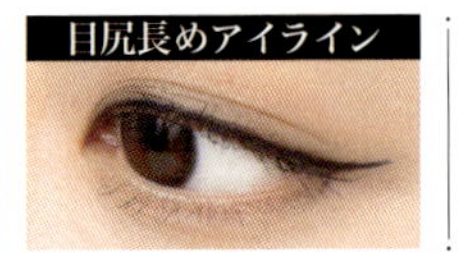

メイクのくわしいやり方は PART 2 →▸ P.96-127 パーツ別に紹介！

印象
チェンジ

大人キュートさ →→ **ふんわり愛され**

### 目尻ハイライトで目元をふっくら見せる

目尻を囲むCゾーンにハイライトをふわっとのせます。目周りがパッと明るくなり、立体感とやわらかなかわいらしさがさらに際立ちます。

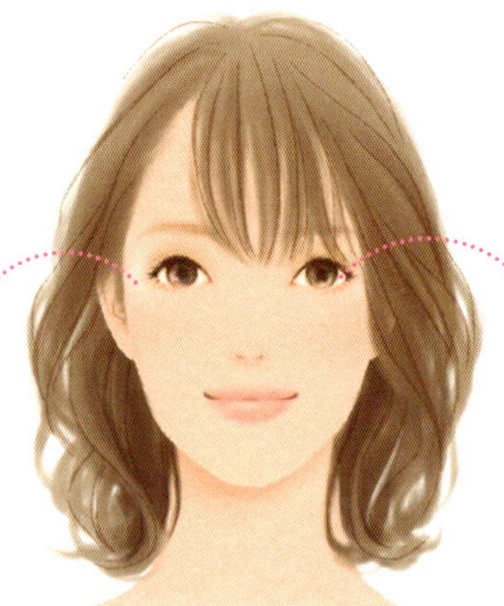

### 淡いグラデーションでナチュラルな陰影を

アイシャドウはブラシを使うとふわっとした陰影がつくので目元の印象が強くなりすぎません。大人っぽさが薄まり、よりキュートな印象に仕上がります。

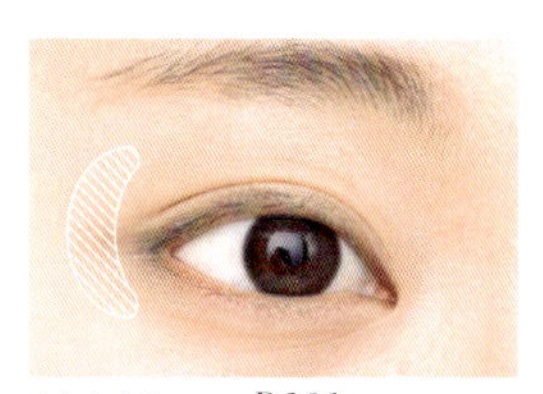

くわしくは →→ P.101
目の外側ハイライト

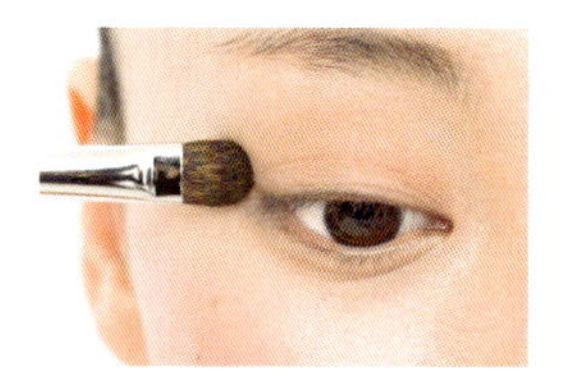

## Hair POINT 長め前髪や顔周りにかかるヘアが大人かわいい表情を引き立てる

**前髪**

### 大人かわいい表情がチラ見えする幅狭め・長めの前髪が好印象

狭めの前髪にすることで左右のパーツが離れているのをカムフラージュ。上に寄り気味のパーツは、眉より下の前髪でバランスをとって。ワンレングスは狭めの額や顔の横幅を目立たせてしまいます。

**顔周り**

### ボリュームはすっきり抑えて。大人キュートな雰囲気に合う長め前髪も◎

顔周りのボリュームは出さずにすっきりさせるヘアで、顔の横幅印象をやわらげます。顔周りにかかる長めの前髪はカーラーで毛先に動きをつけると、大人かわいい雰囲気を引き立ててくれます。

例えばこんなヘア

※髪の長さは、骨格診断（P.166-171）で説明しています。

TYPE 9

# 左右 優 × 上下 下 タイプ

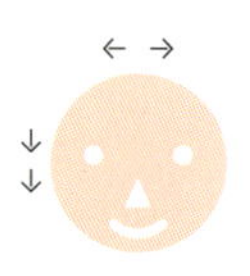

特徴

## 左右が離れた下顔は最強のキュートフェイス

目と目の間が離れ気味、額が広い下寄りの顔タイプなので、「子ども×子ども」の要素が掛け合わされたキュートフェイスです。下顔の特徴である小悪魔っぽい印象とキュートさで、年齢より若く見られる人も多いでしょう。

大人 ― 子ども
落ち着き ― 陽気
シャープ ― ソフト

このタイプの有名人

深津絵里・永作博美

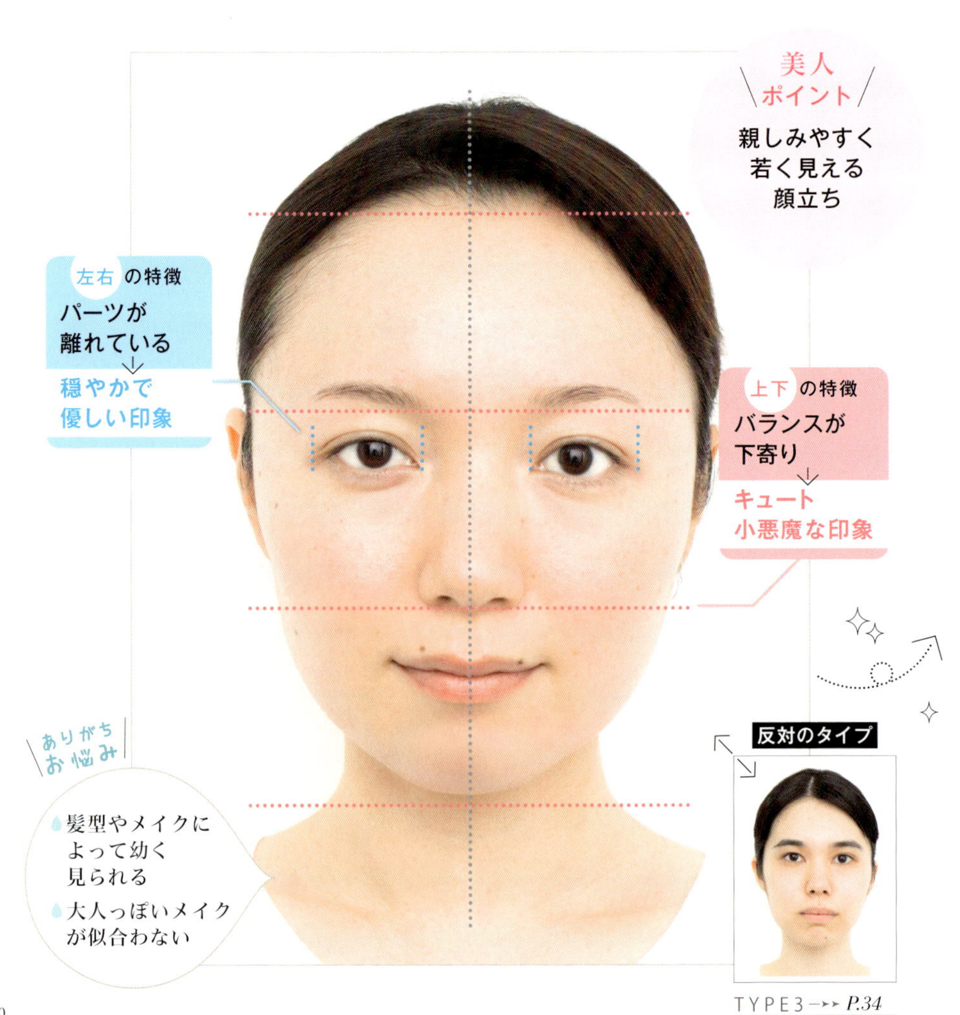

美人ポイント
親しみやすく若く見える顔立ち
左右の特徴
パーツが離れている
穏やかで優しい印象
上下の特徴
バランスが下寄り
キュート小悪魔な印象
ありがちお悩み
髪型やメイクによって幼く見られる
大人っぽいメイクが似合わない
反対のタイプ


TYPE3 →→ P.34

Best
MAKE

くわしくは次のページ →

# 立体感を仕込むハイライトで
# かわいさに洗練を足し算

## *Make up* POINT

# ハイライトでメリハリをつけて洗練された印象をプラス

優×下タイプの持つキュートさにマッチしたメイクが正解。左右に離れた平面的な顔立ちなので、顔中心部にハイライトを仕込んで、骨格にメリハリを出すと洗練された印象にバージョンアップ。眉はナチュラルに仕上げ、明るめのパウダーでやわらかさを足して。

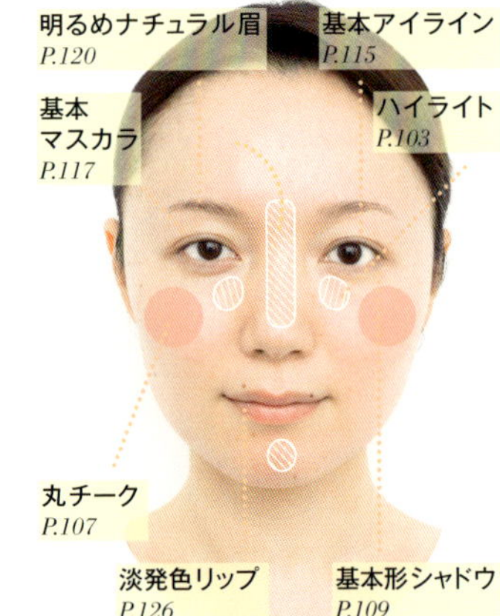

明るめナチュラル眉
P.120
基本アイライン
P.115
基本
マスカラ
P.117
ハイライト
P.103
丸チーク
P.107
淡発色リップ
P.126
基本形シャドウ
P.109


メイクプラン

AFTER


### POINT 1 チーク

**頬骨を囲む丸チークでフレッシュさを強調！**

くわしくは ―▸▸ P.107

**神アイテム！**

自然な発色＆グラデが簡単！

S110 チーク 丸平
7900円／白鳳堂

### POINT 2 アイブロウ

**明るめナチュラル眉が優しい雰囲気にマッチ！**

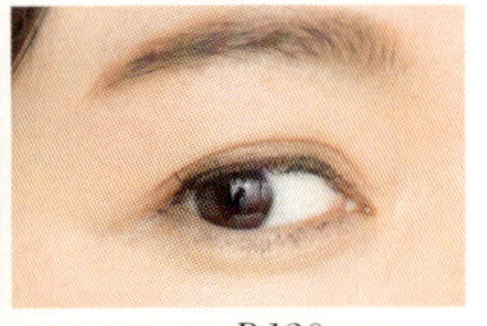

くわしくは ―▸▸ P.120

**神アイテム！**

自眉のような自然な仕上がり

スージー スリム エキスパートSP
1200円／KISSME P.N.Y.（伊勢半）

### POINT 3 ハイライト

**頬内側、鼻筋、あごに入れて中央に立体感！**

くわしくは ―▸▸ P.103

NG


**強さや大人っぽさを強調したメイク**

眉山が目立つ眉や、輪郭を強調したはっきりとした発色の口紅はシャープさが勝ってしまい、キュートな顔立ちにはちぐはぐな印象に。大人要素をプラスしたいときはやりすぎず、どこか1箇所に抑えると◎

平行シャープ眉


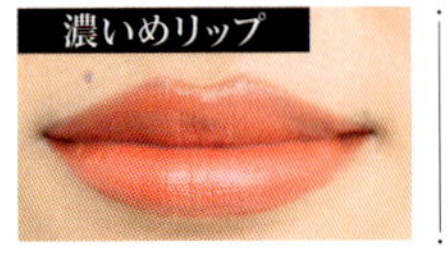

濃いめリップ




メイクのくわしいやり方は PART 2 ―▸▸ P.96-127 パーツ別に紹介！

印象チェンジ

フレッシュなかわいさ →→ **大人かわいい小悪魔**

### ダークなナチュラル眉で目元にシャープさをプラス

形は同じナチュラル眉でも、アイブロウパウダーの色をダークにするだけでシャープさが出て大人っぽい印象にイメージチェンジします。

### 楕円チークで大人っぽく引き締める

丸チークを楕円に変えると、顔立ちが引き締まって大人っぽい印象になります。頬の高い位置から、頬骨に沿ってこめかみ方向へブラシを動かして。

くわしくは →→ P.106
楕円チーク

## Hair POINT

# 優×下のふんわりとした雰囲気は前髪を作ってすっきり引き締めて

**前髪**

### 眉ラインの狭めの前髪を横に流して子どもっぽさを抑える

前髪を作って左右に離れたパーツを引き締めます。幅は狭め・長さは眉ラインがベスト。パッツン前髪だと子どもっぽくなりすぎるので横に流して。ワンレングスは下顔と顔の横幅が悪目立ちします。

**顔周り**

### サイドのボリュームを抑えて顔の横幅の印象をすっきり見せる

顔周りが重くなると顔の横幅が強調されます。ダウンスタイルでも膨らまないようにしてすっきりさせて。一つ結びやハーフアップ、耳掛けスタイルも◎。フレッシュでかわいい雰囲気がマッチします。

例えばこんなヘア

※髪の長さは、骨格診断(P.166-171)で説明しています。

TYPE 10

左右 上下

# 優×麗 タイプ

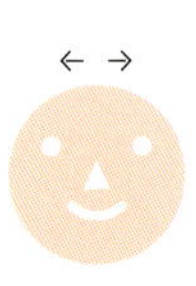

特徴

## バランスのとれたフレッシュなかわいさ

パーツが左右に離れ気味なので、かわいらしさや親しみを感じさせる顔立ち。顔の上下のバランスは理想的なので、メイク次第で美人度を強調することも容易なタイプ。顔が平面的に見えがちで子どもっぽく見えることも。

| | | |
|---|---|---|
| 大人 | | 子ども |
| 落ち着き | | 陽気 |
| シャープ | | ソフト |

このタイプの有名人

佐々木希・武井咲

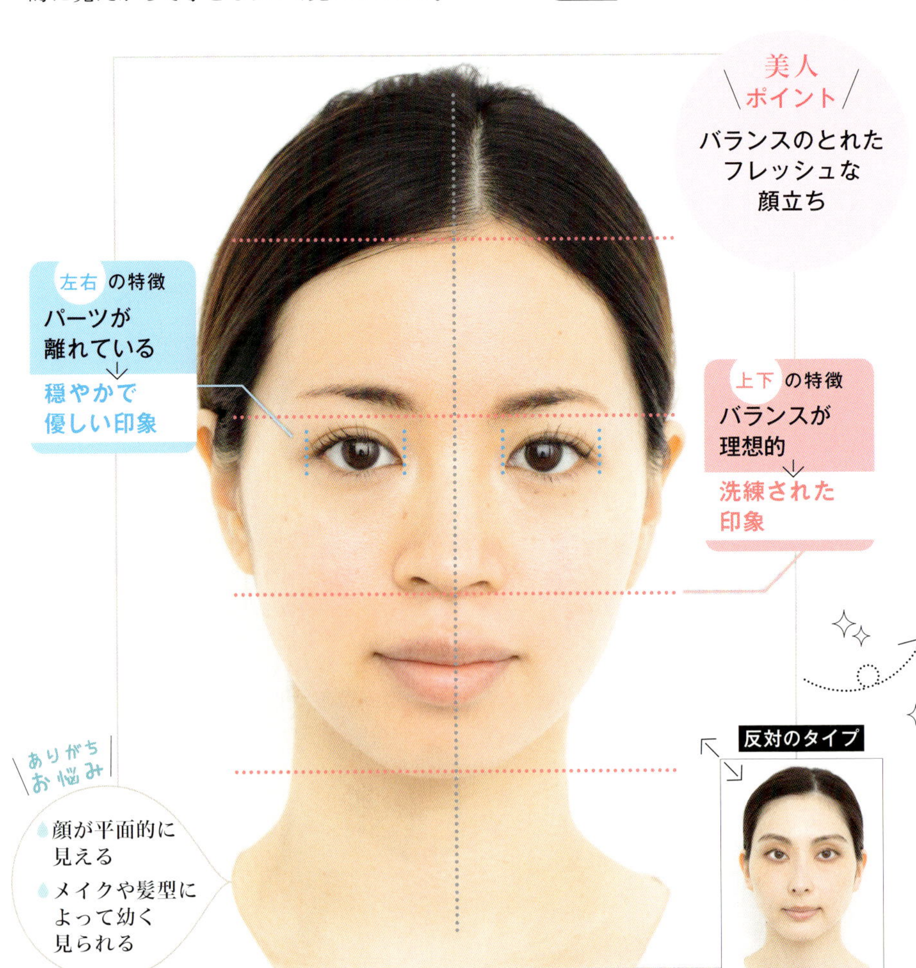

美人ポイント
バランスのとれたフレッシュな顔立ち
左右の特徴
パーツが離れている
穏やかで優しい印象
上下の特徴
バランスが理想的
洗練された印象
ありがちお悩み
顔が平面的に見える
メイクや髪型によって幼く見られる
反対のタイプ


TYPE5 →▸▸ P.42

# Best MAKE

くわしくは次のページ →

## ふんわりキュートな丸チークで
## フレッシュなかわいさを印象づける

# Make up POINT

## 顔中央のハイライトで立体感強調&美人フェイスに

バランスの整ったおさな顔を引き立てるナチュラルメイクが◎。眉はナチュラルに仕上げ、リップはチークの色味と合わせた血色を足す程度でOK。顔が平面的なので、顔の中央にハイライトで立体感を演出し、丸チークをオンすればフレッシュな魅力が際立ちます。

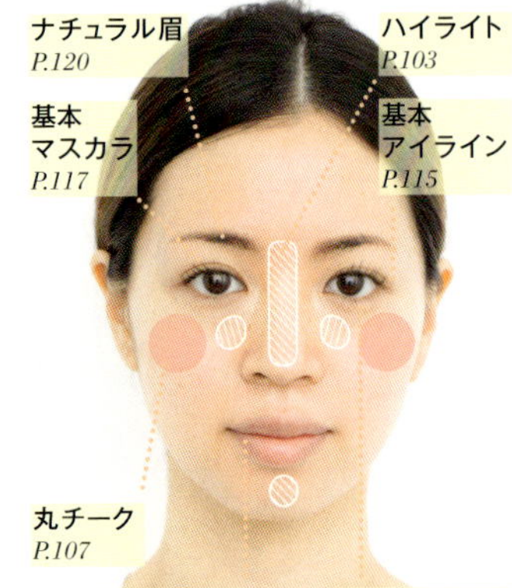
ナチュラル眉
P.120
ハイライト
P.103
基本
マスカラ
P.117
基本
アイライン
P.115
丸チーク
P.107
淡発色リップ
P.126
基本形シャドウ
淡め P.109

メイクプラン

\ AFTER /

### POINT 1 チーク

ふんわり丸チークがあどけない雰囲気にマッチ

くわしくは →▸ P.107

神アイテム!

自然な発色&グラデが簡単!

S110 チーク 丸平
7900円/白鳳堂

### POINT 2 ハイライト

顔の中央に光を集めて脱・のっぺりフェイス!

くわしくは →▸ P.103

神アイテム!

ピンポイントに入れられる

オリジナル・メイクブラシ[E] 4540円(税込)/MONDO-artist

### POINT 3 リップ

淡めリップ直塗りでフレッシュな印象に!

くわしくは →▸ P.126

**NG** シャープな平行眉や輪郭を強調したリップ

シャープな眉や輪郭を強調したリップメイクをすると全体の印象が引き締まりすぎるため、優×麗タイプの人が本来持つ、穏やかさやかわいらしさが半減してしまいがち。トゥーマッチなメイクは老け印象に。

平行シャープ眉

輪郭を強調したリップ

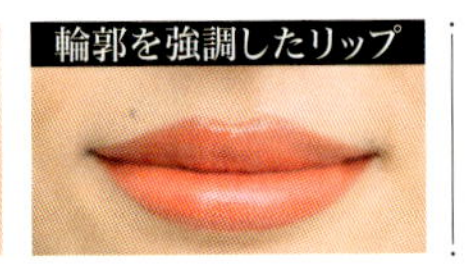



メイクのくわしいやり方は PART 2 →▸ P.96-127 パーツ別に紹介!

## 印象チェンジ　フレッシュ美人 →→ 大人かわいい美人

### 長めアイラインで憂いのある大人の目元に

リキッドアイラインで目尻を長めに仕上げると憂いのある大人っぽい目元に。そのとき、目尻を跳ね上げず、目の角度に沿ってすっと伸ばすのがポイント。

くわしくは →→ P.115
基本アイライン+目尻長め

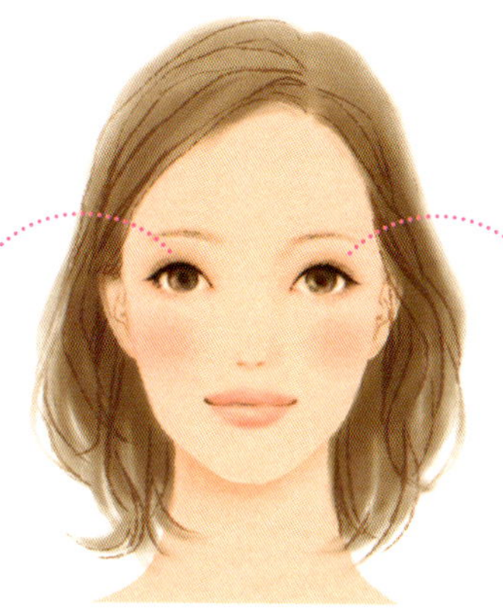

### 濃いめグラデーションで彫り深アイシャドウ

グラデーションを濃く仕上げると、目元の強さが出て、大人っぽい印象に仕上がります。ふんわりと色づくブラシよりも、濃く発色するチップがおすすめ。

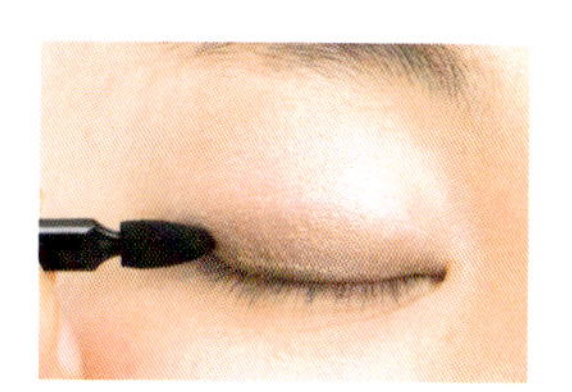

## Hair POINT　洗練されたかわいさに似合うボリュームを抑えたナチュラルヘアで

#### 前髪

### 幅は狭く。どんな長さもOK。整った上下バランスでワンレングスも似合う

パーツが左右に離れ気味なので、狭めの前髪でバランスをとるのが正解。どんな長さも似合います。上下のバランスが理想的なのでワンレングスも相性◎。大人っぽくイメチェンできます。

#### 顔周り

### ボリュームは出さずタイトにしてフレッシュな顔立ちを活かす

顔周りの髪はあまりふんわりさせない方がフレッシュで洗練された顔立ちが引き立ち、左右に離れたパーツも目立ちません。片方の髪を耳にかけてすっきりさせるのも効果的です。

例えば
こんなヘア

※髪の長さは、骨格診断（P.166-171）で説明しています。

# 左右麗タイプ

## 洗練された印象

TYPE

11

### 麗×凛

BEFORE

»

AFTER

TYPE

12

### 麗×優

BEFORE

»

AFTER

## TYPE 13 麗×上

BEFORE
AFTER

## TYPE 14 麗×下

BEFORE
AFTER

## TYPE 15 麗×麗

TYPE
麗×麗
BEFORE
AFTER

TYPE
11

左右 上下

# 麗×凛 タイプ

特徴

## 均整の取れた エキゾチックな雰囲気

左右のバランスが理想的な美人顔。上下が中心に寄り気味なので顔の中央にメリハリが生まれ、エキゾチックな雰囲気がプラスされます。ゴージャスな印象の美人が多い顔立ちですが、キツい印象に見られることも。

大人 — 子ども
落ち着き — 陽気
シャープ — ソフト

このタイプの有名人

香里奈・米倉涼子

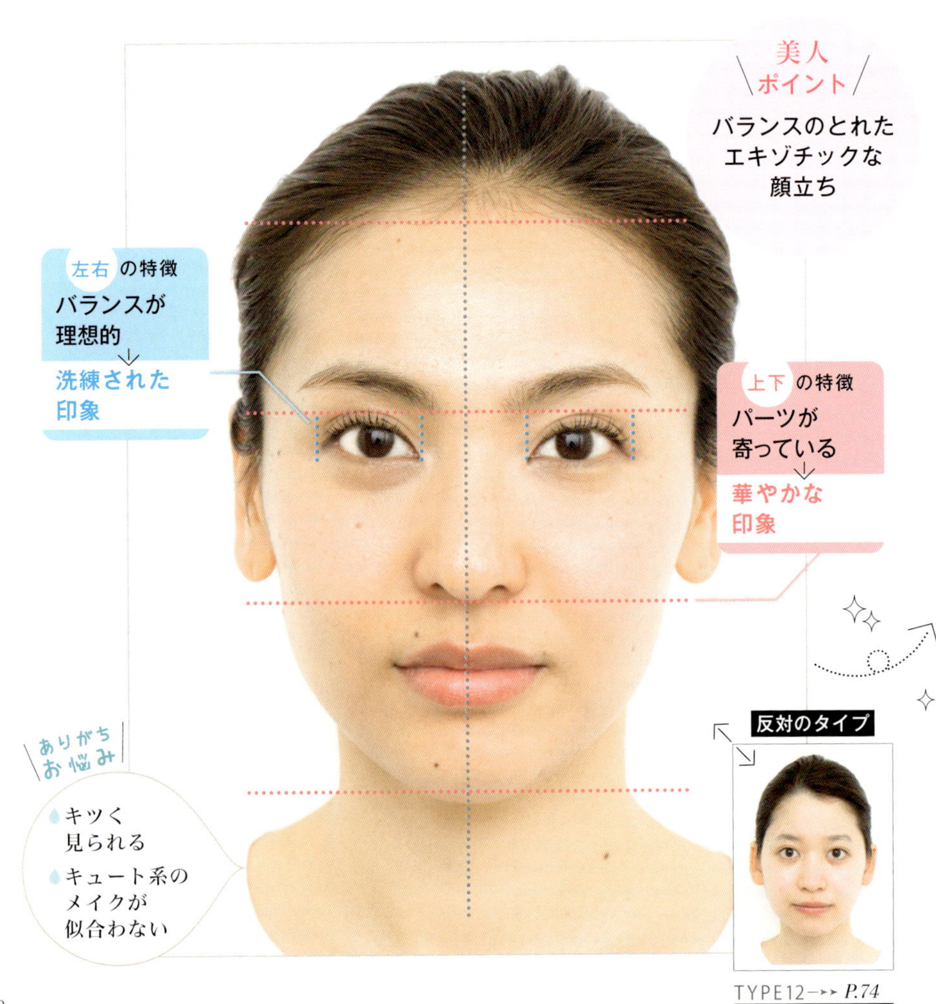
美人ポイント
バランスのとれたエキゾチックな顔立ち
左右の特徴
バランスが理想的
洗練された印象
上下の特徴
パーツが寄っている
華やかな印象
ありがちお悩み
キツく見られる
キュート系のメイクが似合わない
反対のタイプ

TYPE12→ P.74

Best
MAKE

くわしくは次のページ →

# 骨格を生かす楕円チークと丸みアイメイクで エキゾチックな親しみ美人に

# Make up POINT

## 角度のあるシャープな眉&細め楕円チークが似合う

シャープな印象のメイクがマッチ。眉山を強調した眉や細め楕円チークは麗×凛タイプの人のエキゾチックな雰囲気にぴったり。アイメイクは目の縦幅を広げた丸みのある形で上下に寄ったパーツを散らしてやわらかに。リップは濃いめの発色でシャープさを印象づけて。

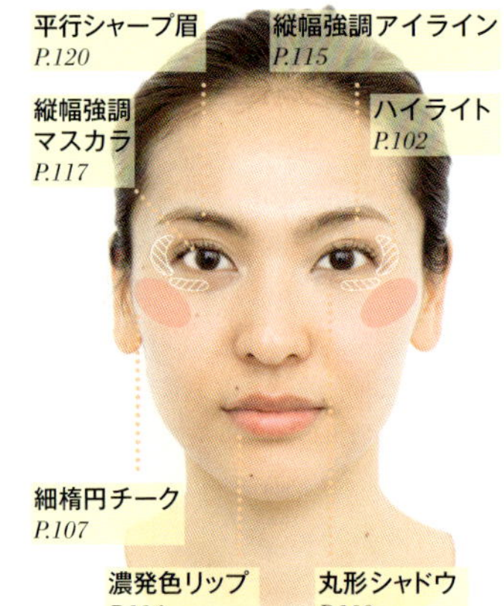
平行シャープ眉
P.120
縦幅強調アイライン
P.115
縦幅強調
マスカラ
P.117
ハイライト
P.102
細楕円チーク
P.107
濃発色リップ
P.126
丸形シャドウ
P.109

メイクプラン

\ AFTER /

### POINT 1 リップ

華やかさを演出する濃いめ発色のリップ

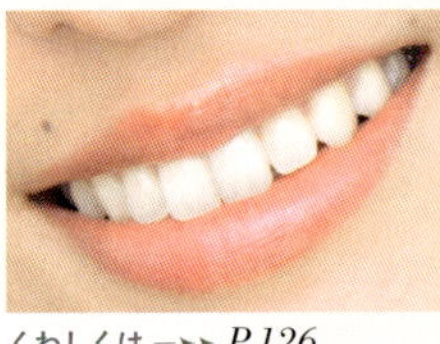

くわしくは →▸ P.126

### POINT 2 アイブロウ

エキゾチックな顔に似合う角度のある眉！

くわしくは →▸ P.120

1本1本リアルに描ける

**神アイテム！**

K-パレット ラスティングツーウェイアイブロウリキッドWP 1200円／クオレ

### POINT 3 アイメイク

丸みを強調してやわらかな目元に！

くわしくは →▸ P.109,115,117

**NG** ふんわり印象の太眉や楕円形アイシャドウ

ぽってりとした太め眉はシャープな顔立ちに不似合い。また、楕円形のアイシャドウは目の幅が広がるので横の印象が強調されがち。上下が寄った顔立ちにはあまり似合わないアイシャドウの形です。

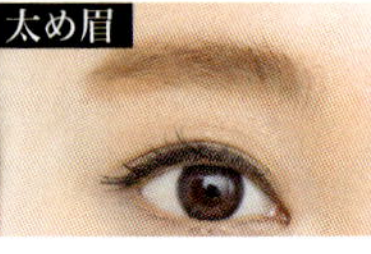

太め眉

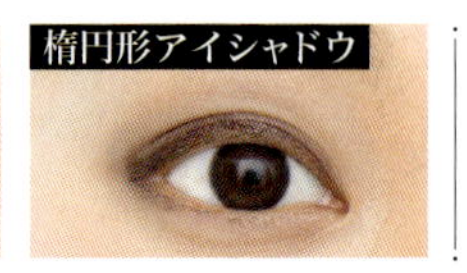

楕円形アイシャドウ

メイクのくわしいやり方は PART 2 →▸ P.96-127 パーツ別に紹介！

印象チェンジ

エキゾチックな美しさ →→ **キリッとしたかわいさ**

### キュートな丸チークでギャップを楽しむ

笑ったときに高く盛り上がる頬骨の位置に丸くポンポンとチークを入れて。エキゾチックな顔立ちにキュートさが加わって、新たな魅力を発見できそう。

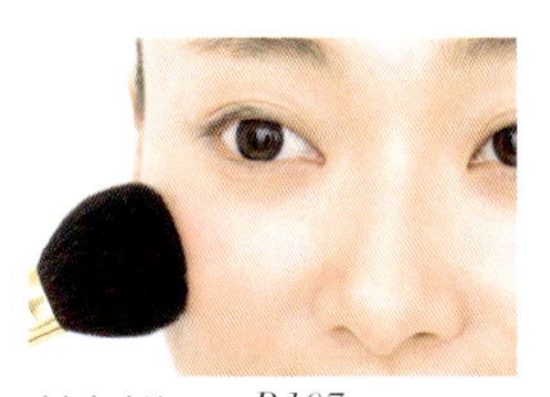

くわしくは →→ P.107
丸チーク

### 淡いグラデーションでナチュラルな陰影を

アイシャドウはブラシを使うとふわっとした陰影がついて目元の印象が優しくなります。大人っぽさが薄まり、かわいらしい穏やかな目元に仕上がります。

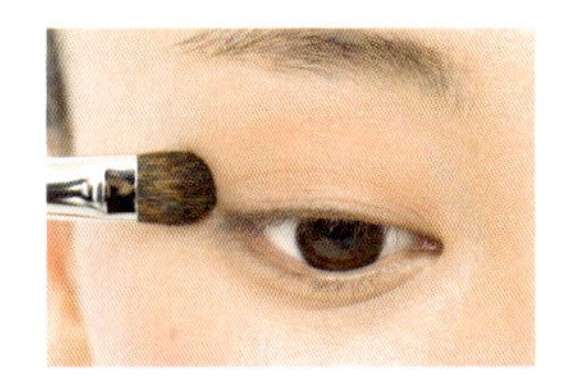

## Hair POINT

# 洗練されたナチュラルヘアに短め前髪で個性をプラスすると垢抜け

**前髪**

### 短め前髪で個性的な魅力を発揮 前髪の幅は何でも似合う

上下のパーツが中央に寄り気味なので、個性的な眉上の前髪も違和感なく似合い、魅力がアップ。左右のバランスが理想的なので、幅は広めから狭めまでOK。ワンレングスも似合います。

**顔周り**

### タイトもボリュームヘアも似合う。ボリュームを出せば優しい雰囲気に

左右のバランスが理想的なので、顔周りはふんわりボリュームを出してもタイトにまとめても、どちらも似合います。ふんわりとボリュームを出せばシャープな顔立ちがマイルドになります。

例えば こんなヘア

※髪の長さは、骨格診断（P.166-171）で説明しています。

TYPE 12

# 左右 麗 × 上下 優 タイプ

特徴

## バランスのとれた落ち着いた和風系美人

上下のバランスが離れているので、おおらかでのんびりした印象。そこに、左右の理想的なバランスが加わることで、やわらかな和風美人の雰囲気をかもし出します。年齢よりも上に見られることが多いかもしれません。

大人 ― 子ども

落ち着き ― 陽気

シャープ ― ソフト

このタイプの有名人

小倉優子・菊川怜

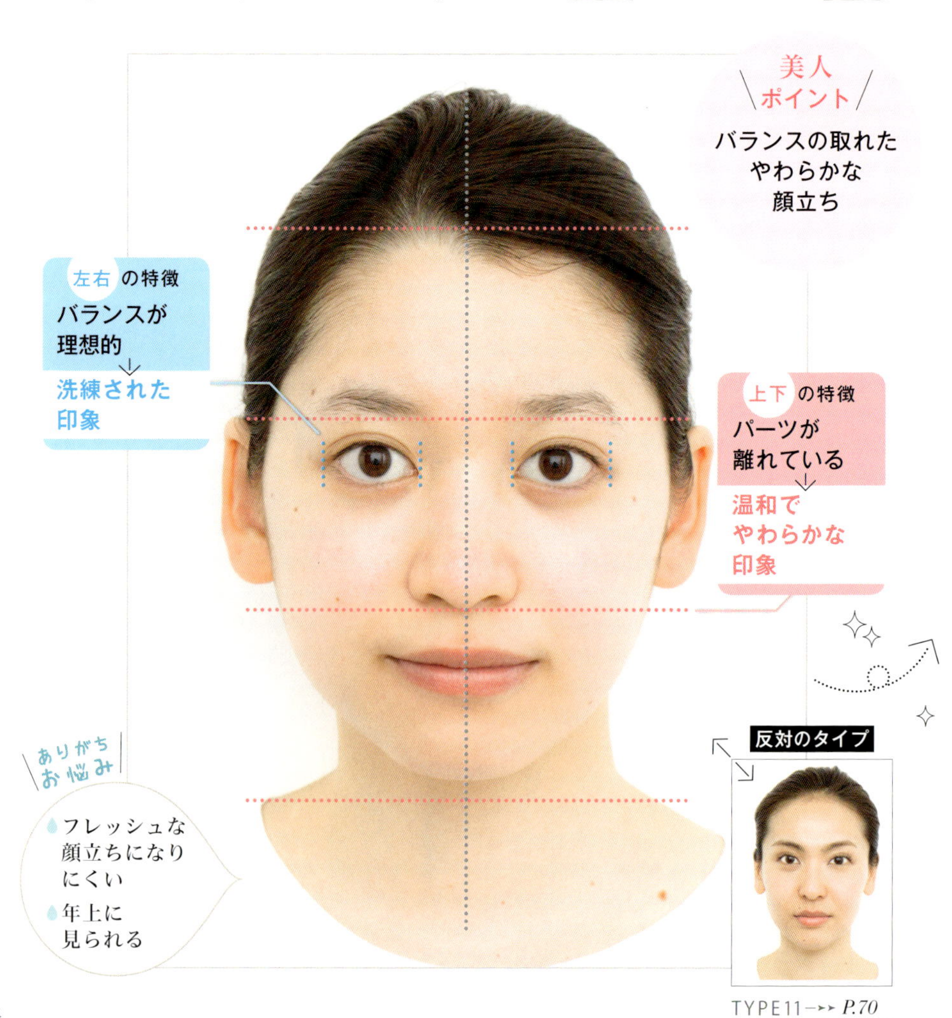

美人ポイント
バランスの取れたやわらかな顔立ち
左右の特徴
バランスが理想的
洗練された印象
上下の特徴
パーツが離れている
温和でやわらかな印象
ありがちお悩み
フレッシュな顔立ちになりにくい
年上に見られる
反対のタイプ


TYPE11 ―›› P.70

Best
MAKE
太め眉とふんわりチークで
落ち着きの中にかわいらしさを

くわしくは次のページ →

## Make up POINT

# 目元の印象をやわらげて ハイライトとチークを主役に

穏やかなかわいさを引き出すナチュラルな印象のメイクがマッチ。眉は太めでかわいらしさを強調し、アイシャドウはブラシで淡めに仕上げて自然と溶け込ませます。上下に離れ気味のパーツは、丸チーク&チーク内側のハイライトで立体感を作ってカムフラージュ。

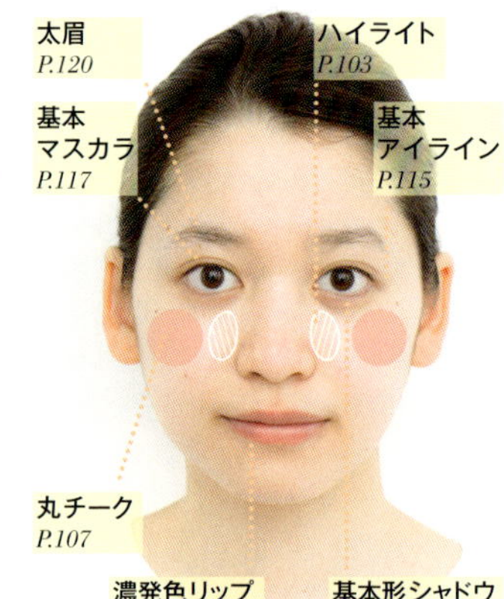

太眉 P.120
ハイライト P.103
基本マスカラ P.117
基本アイライン P.115
丸チーク P.107
濃発色リップ P.126
基本形シャドウ淡め P.109


メイクプラン

\ AFTER /

### POINT 1 チーク

広めの頬に凸感を出すふんわり丸チーク!

くわしくは →→ P.107

神アイテム!
自然な発色&グラデが簡単!

S110 チーク 丸平 7900円/白鳳堂

### POINT 2 アイブロウ

若々しい太め眉でかわいらしさをプラス!

くわしくは →→ P.120

神アイテム!
自眉のような自然な仕上がり

スージー スリムエキスパートSP 1200円/KISSME P.N.Y.(伊勢半)

神アイテム!
ピンポイントに入れられる

オリジナル・メイクブラシ[E]4540円(税込)/MONDO-artist

### POINT 3 ハイライト

頬に高さを出して離れたパーツを引き寄せる!

くわしくは →→ P.103

**NG** 平行シャープの眉、肌浮きする濃い口紅

麗×優タイプにはシャープさを感じさせる眉はミスマッチ。また、リップは濃いめの発色のものが落ち着いた顔立ちに似合いますが、けばけばしい色はNG。肌なじみのいいミディアムカラーを選びましょう。

平行シャープ眉

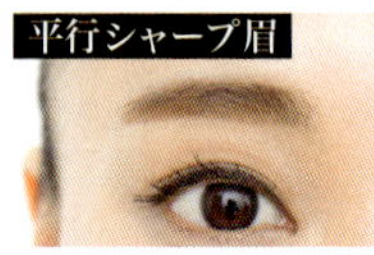

派手なリップ

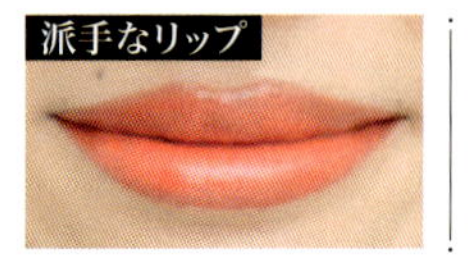

メイクのくわしいやり方は PART 2 →→ P.96-127 パーツ別に紹介!

印象
チェンジ

稳やかな
かわいさ

→ 知性が際立つ
大人っぽさ

### アイシャドウの陰影を濃くして印象的に

アイシャドウブラシはふんわり色づきますが、アイシャドウチップは濃く発色します。濃いグラデーションで、知的な雰囲気にバージョンアップ。

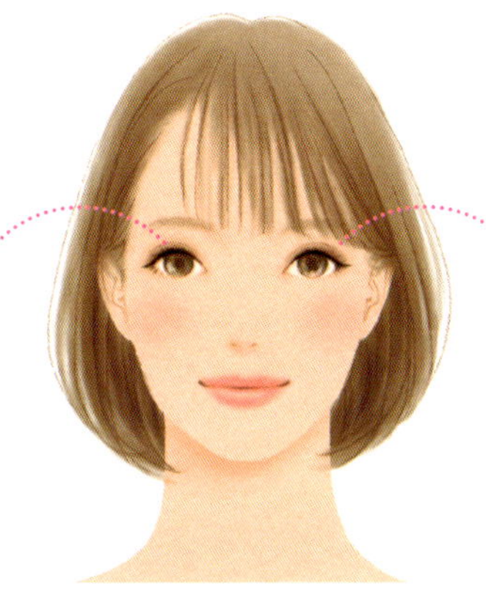

### 知的な印象の目元を作る目尻長めのアイライン

目尻は跳ね上げずに目のカーブに合わせて引きます。もともとの顔立ちが落ち着いているので、目尻長めのアイラインで色っぽさよりも知的な雰囲気に。

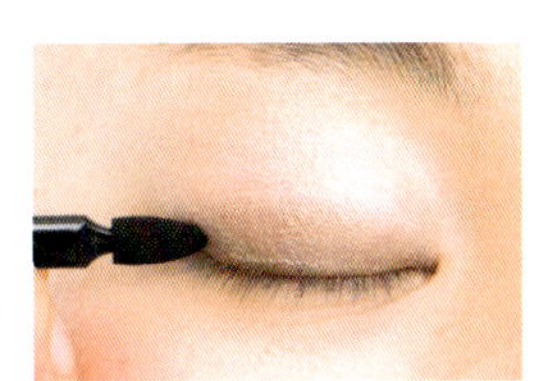

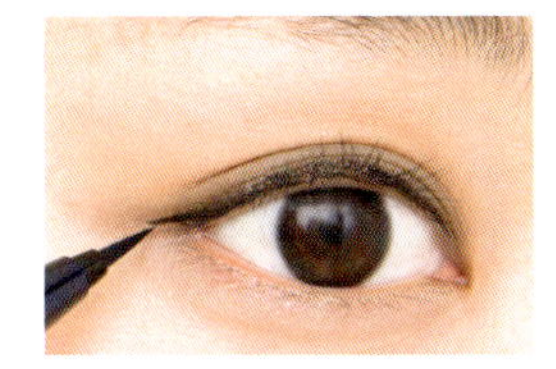

くわしくは → P.115

基本アイライン＋
目尻長め

Hair
POINT

## 長め前髪がベストバランス。作り込まないヘアが穏やかな雰囲気にマッチ

前髪

### 眉が隠れる長め前髪 ワンレングスは根元を立ち上げて

面長印象なので、眉が隠れる長め前髪でバランスを取りましょう。幅は広めから狭めまで何でもOK。ワンレングスだと面長印象が出ますが、根元を立ち上げると目立ちません。

顔周り

### ボリュームあり・なしどちらも似合う なりたい印象に合わせてアレンジを

左右のパーツの配置バランスが理想的なので、顔周りのボリュームは問いません。落ち着いた雰囲気にしたいときはタイトに、ふんわりボリュームを出すとかわいらしい雰囲気になります。

例えば
こんなヘア

※髪の長さは、骨格診断（P.166-171）で説明しています。

TYPE
13

左右　上下

# 麗×上 タイプ

特徴

## 端正な顔バランスのクールビューティ

左右のパーツの配置が理想的な美人顔。上寄りの顔立ちなので大人っぽく、バランス感のいい落ち着いた色香が漂います。実年齢よりも上に見られる人も多いかもしれません。濃いメイクは老けやすいので避けて。

大人 ― 子ども
落ち着き ― 陽気
シャープ ― ソフト

このタイプの有名人

内田有紀・佐藤藍子

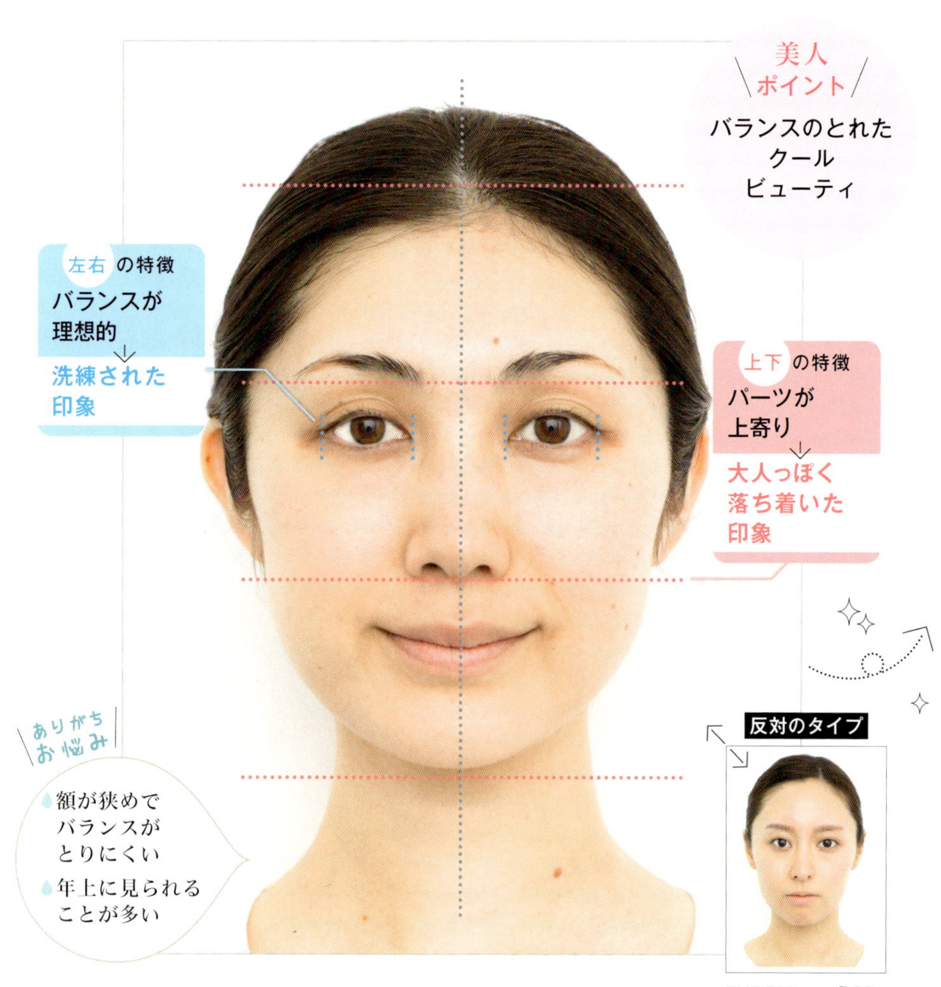
美人ポイント
バランスのとれたクールビューティ
左右の特徴
バランスが理想的
洗練された印象
上下の特徴
パーツが上寄り
大人っぽく落ち着いた印象
ありがち お悩み
額が狭めでバランスがとりにくい
年上に見られることが多い
反対のタイプ

TYPE14 ▸▸ P.82

Best
MAKE
くわしくは次のページ →
下まぶたシャドウ&濃いめのグラデで
洗練された美しさを引き出す
PART 1
TYPE 13 麗×上タイプ

# Make up POINT

## 濃グラデーションの目元で洗練された美を強調

上品で大人っぽいメイクがマッチ。目元はグラデーションを濃くして大人の眼差しを印象づけますが、ぼかしアイラインでやわらかさを出します。下まぶたシャドウと太め楕円チークで上寄りのパーツを下へ。リップは淡めの発色で濃い目元とのバランスをとります。

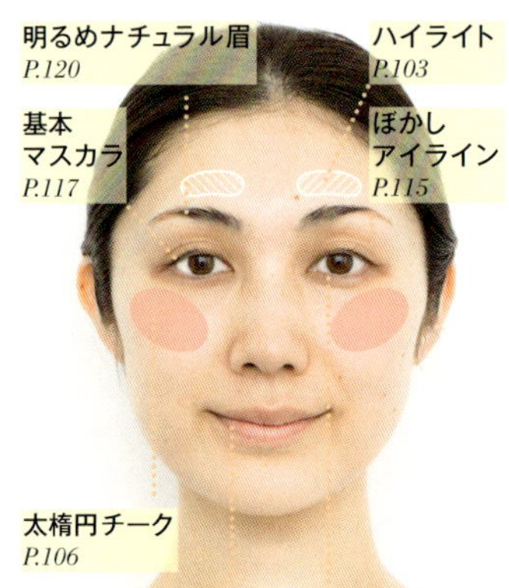
明るめナチュラル眉 P.120
ハイライト P.103
基本マスカラ P.117
ぼかしアイライン P.115
太楕円チーク P.106
淡発色リップ P.126
基本形シャドウ＋下まぶた P.109
メイクプラン

\ AFTER /

### POINT 1 チーク

**太め楕円チークで下方向へバランスをとる！**

くわしくは →▸ P.106

神アイテム！

尖った先端ブラシが使いやすい

KOBAKO チークブラシD 4200円／貝印

### POINT 2 アイブロウ

**明るめナチュラル眉で上寄りの印象をソフトに！**

くわしくは →▸ P.120

神アイテム！

自眉のような自然な仕上がり

スージー　スリム エキスパートSP 1200円／KISSME P.N.Y.（伊勢半）

### POINT 3 アイシャドウ

**濃グラデ＋下まぶたシャドウで色っぽく！**

くわしくは →▸ P.109

NG

**輪郭を強調した濃いめリップやアイライン**

濃い発色で輪郭を強調したリップは、麗×上タイプの持つ大人っぽい部分が強調されすぎてしまい、老け印象に。また、ライン感を強調したアイラインもシャープになりすぎるので、トゥーマッチな印象に。

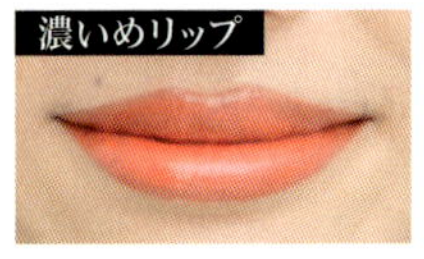

濃いめリップ

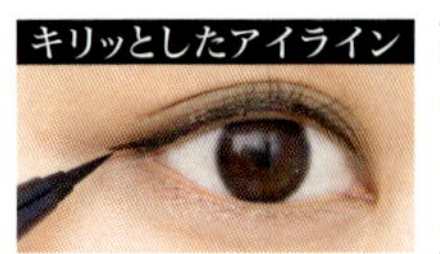

キリッとしたアイライン

メイクのくわしいやり方は PART 2 →▸ P.96-127 パーツ別に紹介！

印象チェンジ

洗練された大人っぽさ →→ **大人のかわいさ**

### ふんわりとした太め眉でヘルシーな若々しさを演出

ヘルシーさを印象づける太め眉は大人かわいい印象をあたえます。濃い色にすると上寄りの顔が強調されるため、明るめカラーでバランスをとりましょう。

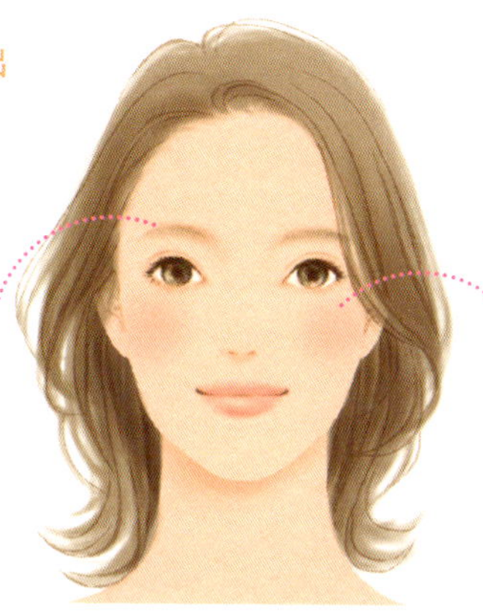

### フレッシュな丸チークで大人のかわいさを演出

笑ったときに高く盛り上がる頬骨の位置に丸くポンポンとチークを入れます。落ち着いた大人の雰囲気の中に、かわいさが生まれて魅力的になります。

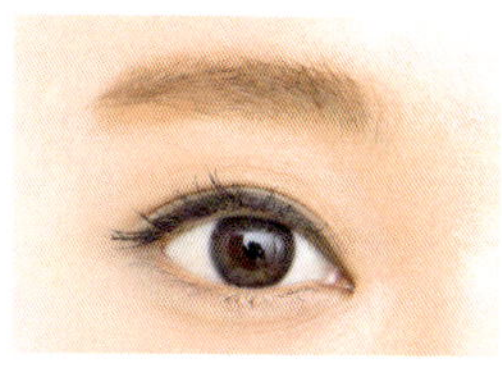

くわしくは →→ P.120

太め眉

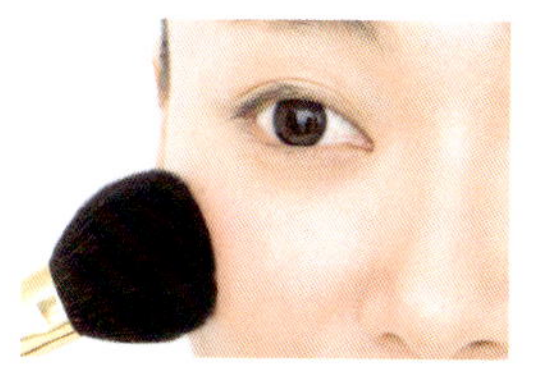

くわしくは →→ P.107

丸チーク

## Hair POINT ニュアンスのある長め前髪やワンレンが落ち着いた大人の雰囲気にぴったり

前髪

### 動きを出した長めニュアンス前髪が色っぽい雰囲気とマッチ

額が狭めなので前髪は長めに。動きを出してニュアンスを出すと大人っぽい雰囲気にマッチします。ワンレンも似合いますが、根元をふわりと立ち上げるようにコテでクセづけしてニュアンスを出して。

顔周り

### ボリュームある・なしどちらもOK イメージに合わせて調整して

左右のパーツバランスが理想的なので、顔周りのボリュームは問いません。やわらかな印象にするなら束感を出すようにしてサイドの髪をふんわりと、クールにするならぴたりとタイトにまとめて。

例えば こんなヘア

※髪の長さは、骨格診断(P.166-171)で説明しています。

TYPE 14

左右 上下

# 麗×下 タイプ

・特徴・

## 正統派にもキュートにもなれる大人かわいい振り幅が魅力

大人 ― 子ども
落ち着き ― 陽気
シャープ ― ソフト

左右のバランスがよく洗練された印象ですが、上下が下寄りなので子どもっぽいかわいらしさもあり、ギャップのある顔立ちが魅力です。メイクによって正統派美女にも、キュート系にもなれる振り幅が強みです。

このタイプの有名人

沢尻エリカ・堀北真希

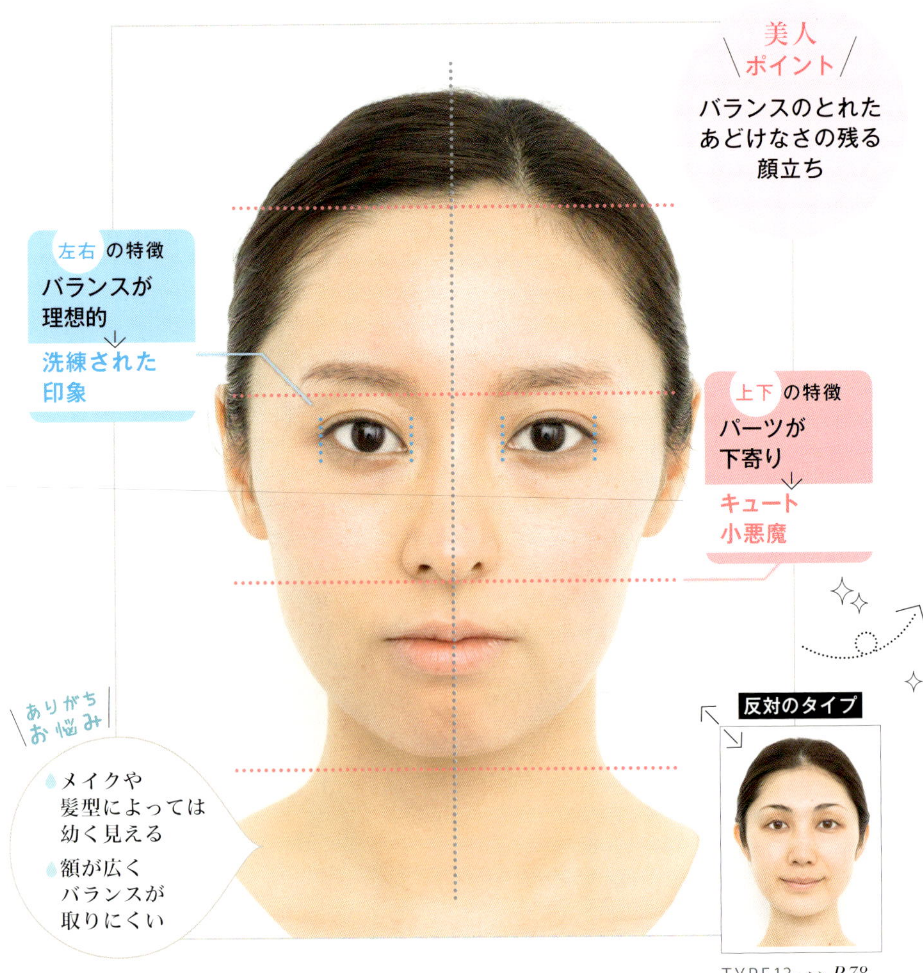

美人ポイント
バランスのとれたあどけなさの残る顔立ち
左右の特徴
バランスが理想的
洗練された印象
上下の特徴
パーツが下寄り
キュート 小悪魔
ありがちお悩み
メイクや髪型によっては幼く見える
額が広くバランスが取りにくい
反対のタイプ


TYPE13→P.78

Best MAKE

くわしくは次のページ →

# 洗練されたバランスに かわいらしさを強調する丸チーク

## Make up POINT

# ピュアさを生かしたメイクで大人かわいい雰囲気に

ピュアさを強調するメイクで自然と「美人なのにかわいい」印象になれる顔立ちです。チークは頬骨を囲んだ丸チーク、リップは濃い発色から薄いものまで、どんなタイプも似合います。下寄り顔であごが狭めなので、ハイライトをのせてスペースを広げましょう。

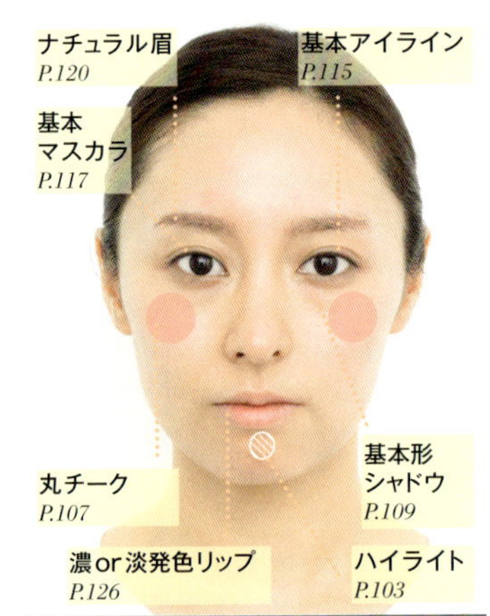
ナチュラル眉
P.120
基本アイライン
P.115
基本
マスカラ
P.117
丸チーク
P.107
基本形
シャドウ
P.109
濃or淡発色リップ
P.126
ハイライト
P.103
メイクプラン

\ AFTER /

### POINT 1 チーク

頬骨を囲んだ丸チークが整った骨格を際立たせる!

くわしくは ―▸▸ P.107

神アイテム!
自然な発色&グラデが簡単!

S110 チーク 丸平
7900円／白鳳堂

### POINT 2 ハイライト

狭めのあごに余白を作るハイライト!

くわしくは ―▸▸ P.103

神アイテム!
ピンポイントに入れられる

オリジナル・メイクブラシ［E］
4540円（税込）／
MONDO-artist

### POINT 3 アイブロウ

顔立ちのよさを生かす自然なナチュラル眉!

くわしくは ―▸▸ P.120

NG

### 眉上ハイライトだけは避けて

眉上のハイライトは額の広さが強調されるのでNG。美人とかわいらしさが同居した麗×下タイプは、どんなメイクでも似合うのが強みで、NGメイクは基本的になし。いろんなものに挑戦して魅力を発見して。

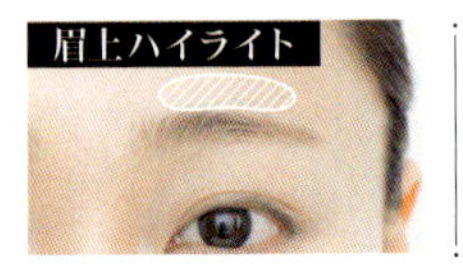
眉上ハイライト

メイクのくわしいやり方は PART 2 ―▸▸ P.96-127 パーツ別に紹介!

印象
チェンジ

洗練された
かわいらしさ
→
**小悪魔な
かわいらしさ**

### 楕円チークで
### 涼しげな雰囲気をプラス

ふんわり丸チークを楕円に変えるだけで、顔立ちが引き締まって涼しげな印象になります。頬の高い位置から、頬骨に沿ってこめかみ方向へ乗せて。

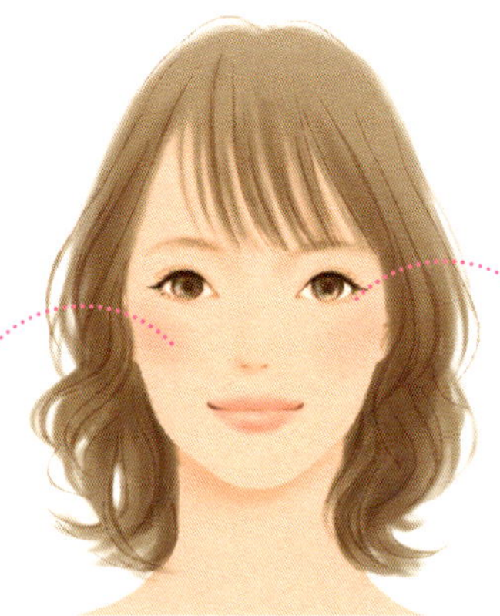

くわしくは → P.106
楕円チーク

### 目尻長めのアイラインで
### 大人っぽさを強調

アイラインの目尻を長めにすると目元に色っぽさがプラスされます。ラインは跳ね上げずに目のカーブに合わせて自然に伸ばしましょう。

くわしくは → P.115
基本のアイライン＋
目尻長め

---

## Hair POINT

## イメージの振り幅が広くどんな髪型も◎。前髪を作るなら眉ラインの長さ

**前髪**

### 眉ラインの長さがベストバランス
### ワンレングスは根元ボリュームを抑えて

眉下の前髪は下寄りの顔を強調するので、眉ラインがベストバランス。幅は狭めも広めも◎。左右のバランスが理想的なのでワンレングスも似合いますが、額が広く見えるので生え際のボリュームは抑えて。

**顔周り**

### どんなイメージも似合うのが強み
### タイトからボリュームまで自由に楽しんで

顔周りはすっきりさせても、ボリュームを出しても、どちらも似合うのが麗×下タイプの特徴。メイクも髪型も、どんなイメージもマッチするタイプなので、いろんなアレンジを楽しんで。

例えば
こんなヘア

※髪の長さは、骨格診断（P.166-171）で説明しています。

TYPE
15

左右　上下

# 麗×麗 タイプ

特徴

## 上下左右ともに黄金比率のバランスのとれた美人顔

上下左右ともに理想的なバランスの麗×麗タイプ。王道美人系、キュート系、シャープ系、癒し系など、どんな印象もメイクで演出できるのが強みです。ポイントメイクでメリハリを出さないと個性が出にくい一面も。

大人 ― 子ども
落ち着き ― 陽気
シャープ ― ソフト

このタイプの有名人

新垣結衣・板谷由夏

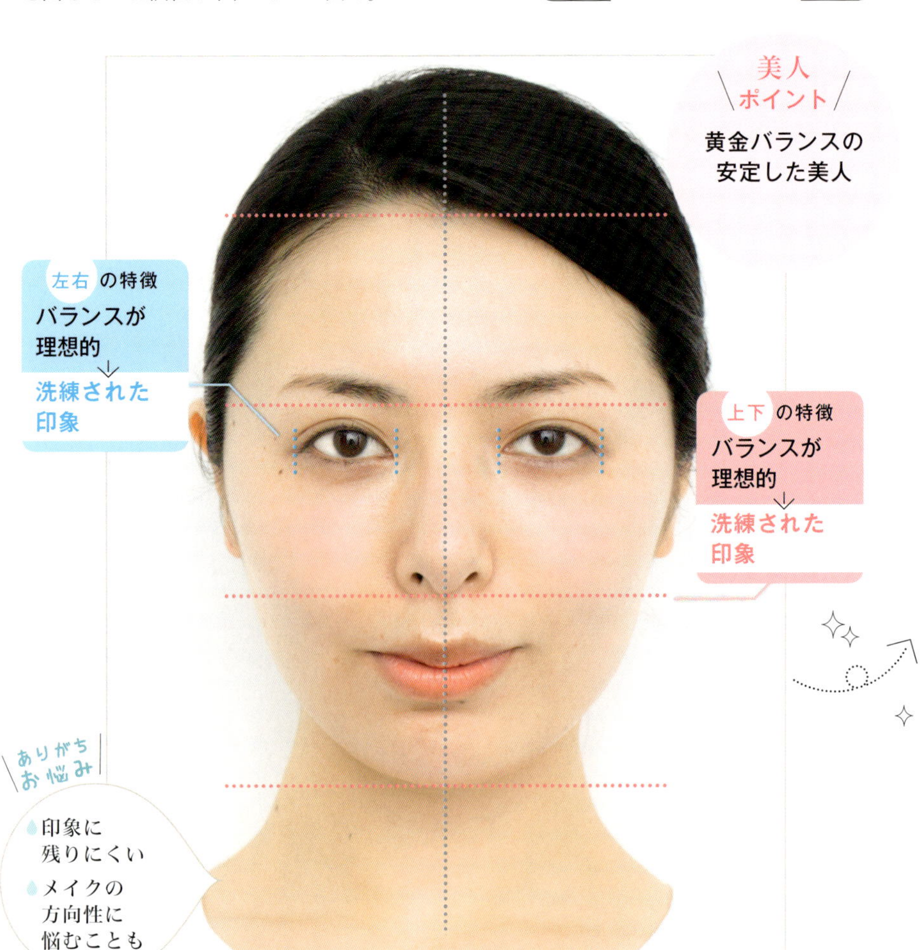
美人ポイント
黄金バランスの安定した美人
左右の特徴
バランスが理想的
洗練された印象
上下の特徴
バランスが理想的
洗練された印象
ありがちお悩み
印象に残りにくい
メイクの方向性に悩むことも

Best
MAKE

くわしくは次のページ →

シャープな眉と引き締まったリップで
洗練された美を印象づける

## Make up POINT

# 黄金バランスを際立たせるベーシックなメイクが似合う

顔のパーツバランスが理想的なので、骨格を活かしたベーシックなメイクで整った顔立ちが引き立ちます。一つのイメージにとらわれずどんなメイクも似合うのが強みなので、基本のメイクに加えて、右ページでは、印象を変えた3つのメイクパターンを紹介します。

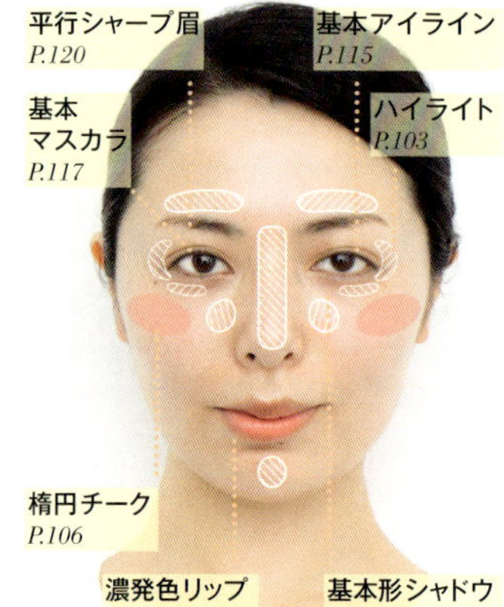

平行シャープ眉
P.120
基本アイライン
P.115
基本
マスカラ
P.117
ハイライト
P.103
楕円チーク
P.106
濃発色リップ
P.126
基本形シャドウ
P.109


メイクプラン

＼ AFTER ／

［基本メイク］

### POINT 1 アイブロウ

**平行シャープ眉でキリッと女っぷりを上げる!**

くわしくは →→ P.120

神アイテム!

1本1本リアルに描ける

K-パレット ラスティングツーウェイアイブロウリキッド WP 1200円／クオレ

### POINT 2 アイメイク

**基本形アイメイクで洗練された目元に!**

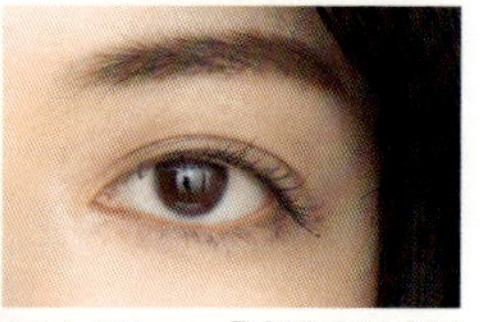

くわしくは →→ P.109,115,117

### POINT 4 チーク

**整った顔立ちを活かす楕円チーク!**

くわしくは →→ P.106

尖った先端ブラシが使いやすい

神アイテム!

KOBAKO チークブラシD 4200円／貝印

神アイテム!

ピンポイントに入れられる

オリジナル・メイクブラシ[E]4540円（税込）／MONDO-artist

### POINT 3 ハイライト

**理想的な骨格をハイライトで強調!**

くわしくは →→ P.103

ほどよいコシでしっかり発色

神アイテム!

オリジナル・メイクブラシ（収納タイプ）4100円（税込）／MONDO-artist

### POINT 5 リップ

**濃いめ発色で正統派美人を印象づける!**

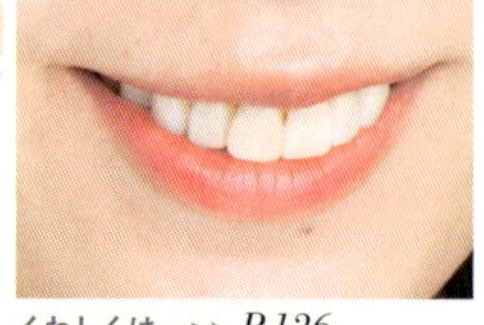

くわしくは →→ P.126



メイクのくわしいやり方は PART 2 →→ P.96-127 パーツ別に紹介!

異なるイメージのメイク＆ヘアを紹介します。左ページの基本のメイクをベースに、各パーツのメイクをチェンジするだけでOKです。

## ナチュラル眉 ＋ 丸チーク で 自然なかわいさ

### メイクポイント

ナチュラルなかわいらしさを印象づけるのが、自然なカーブを描いたナチュラルな眉と、ふんわりとした血色を足す丸チーク。リップはチークと同じ自然な血色で仕上げるとナチュラルな雰囲気に。

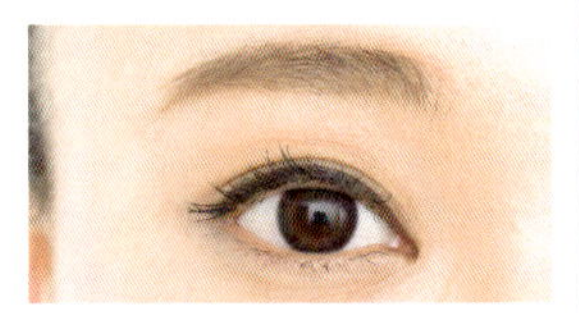

ナチュラル眉
くわしくは →▸ P.120

丸チーク
くわしくは →▸ P.107

### ヘアポイント

長めの前髪は斜めに流して、ナチュラル眉と丸チークを引き立たせます。顔周りはボリュームをおさえてナチュラルに仕上げて。

## 太眉 ＋ 濃いめリップとライン で 大人の抜け感

### メイクポイント

眉山を強調しないぽってりとした太眉で大人の抜け感を出しましょう。その分、リップは濃いめの発色を選び、リップラインで輪郭をとり大人っぽく仕上げます。目元と口元が絶妙なバランスに。

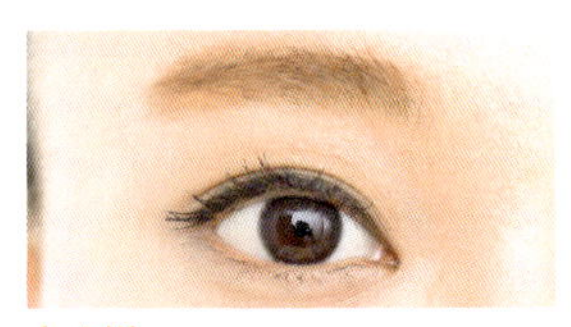

太め眉
くわしくは →▸ P.120

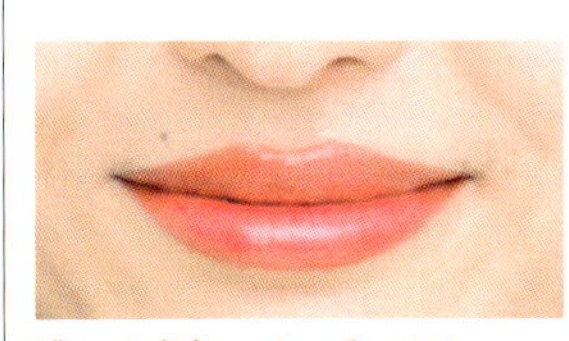

濃いめ発色のリップ＋ライン
くわしくは →▸ P.126

### ヘアポイント

太眉を生かした額を出したスタイルや、眉と同じ長さや眉上の前髪も相性がいいです。顔周りはふんわりとボリュームを出して、ほんのり抜け感を作ります。

## 切れ長アイメイク ＋ ミディアムリップ で 洗練された目元強調

### メイクポイント

楕円形アイシャドウと基本のアイライン＋目尻長めを組み合わせて、モード感のある印象的な切れ長アイに。さらに、口元も濃いめ発色のリップで強めの印象に仕上げて、大人っぽさを強調します。

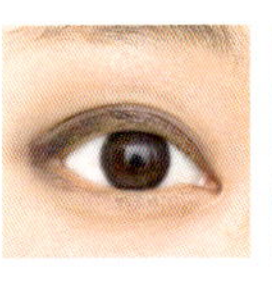

楕円シャドウ
くわしくは P.109

基本のアイライン＋目尻長め
くわしくは P.115

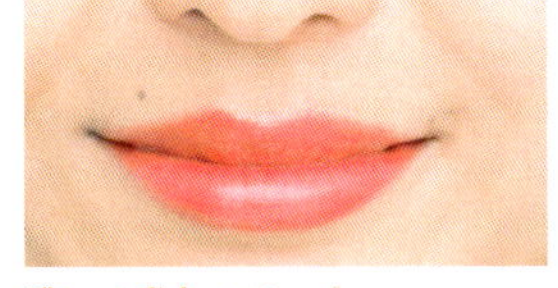

濃いめ発色のリップ
くわしくは →▸ P.126

### ヘアポイント

前髪は軽く巻いたり、軽さを出したりして、強めに仕上げた目元のニュアンスを引き出します。顔周りはボリュームあり・なし、どちらも好相性です。

※髪の長さは、骨格診断（P.166-171）で説明しています。

Balance Makeup

# 美顔バランスメイクQ&A

## Q 太ったり、痩せたりすると診断も変わるの？

### A フェイスラインは関係ないので変わりません

美顔バランス診断はパーツの位置で診断するので、フェイスラインは関係ありません。また、加齢によってたるんだ場合でも、骨格は変わらないので診断タイプが変わることもありません。

## Q 彫りの深さは関係ないの？外国人でも診断できる？

### A 彫りの深さは無関係。人種は問いません

正面から見たパーツの配置で判断するので、彫りの深さは考慮しなくてOK。日本人に限らず外国人も診断できます。

## Q 「左右が凛・上下が優」の人と、「左右が優・上下が凛」に違いはあるの？

### A 組み合わせが同じでも個性は異なります

一般的には、上下の特徴よりも、左右の特徴の方が、顔の印象を大きく左右します。「凛」と「優」という同じ要素の組み合わせでも、個性は変わってきます。

## Q 似合うリップは「淡め発色」。だけど濃い口紅をつけたいときは？

### A なるべく薄づきのものを選んで

濃くて強めの色でも、ツヤがあり薄く付くタイプを選べば、色を楽しみつつ「似合う」に寄せられます。

美顔バランスメイクに関する素朴なギモンを集めてみました。
これを読めば、さらに理解が深まるはず。

## Q パーツの配置を修正すると、みんな同じような顔になってしまい個性がなくなってしまうのでは?

## A すべてを修正するわけではないので、個性は活かされます

個性をブラッシュアップさせるメソッドと、理想的なバランスに寄せるメソッドのミックスなので、個性は活かしながら、より洗練された雰囲気に仕上がります。

## Q リップとチークの色味は揃えたほうがいい?

## A 同じ色の系統の方が調和がとれます

リップもチークも血色をプラスするポイントなので、色味を統一した方がまとまります。パーソナルカラー(→P.131)に合わせたものを選びましょう。

## Q もともとの眉の形と、似合う眉の形がまったく違う場合、どうする?

## A 近づけていけばOK

本来の眉の形を活かしつつ、似合う形に寄せていけば大丈夫です。

## Q 似たようなタイプなのに、メイクメソッドが異なるのはなぜ?

## A 全体のバランスを調整したメイクメソッドなので、同じとは限りません

例えば上下のパーツが上寄りで大人っぽい顔立ちなのは共通なのに、あるタイプの眉は上寄りのパーツを強調しない明るいナチュラル眉、あるタイプの眉はダークな平行シャープ眉、という場合があります。全体のメイクバランスがとれた最も似合うメソッドを提案しているので、単純な組み合わせではありません。

# Balance Makeup 美顔バランスメイクQ&A

## Q 自分のタイプのメイクが好きになれない場合は？

### A パーソナルカラーは合わせて好きなメイクを楽しんで

自由に好きなメイクを楽しんでOKです。その場合でも、アイシャドウ、リップ、チークの色味は自分の肌色に合うパーソナルカラー（→P.131）を選ぶと「似合う」に寄せられます。

## Q ノーズシャドウやシェーディングは入れてもいい？

### A もちろんOK

今回提案するメイクは一般的なナチュラルメイク中心のメソッドなので鼻筋を強調するノーズシャドウや、輪郭を補正するシェーディングについては紹介していませんが、もちろん入れてもOKです。

## Q まつエクをしています。美顔バランスメイクはできる？

### A できます。まつエクをつけるときの参考にも

もちろんできます。また、美顔バランスメイクのマスカラのメソッドは、まつ毛エクステをつける際の、形の参考になります。

## Q にじみやすいのでアイラインやマスカラは避けたい。しなくてもOK？

### A どちらかだけでも取り入れると目力アップ

無理におすすめはしませんが、アイライナーやマスカラは目元の印象を強調する効果が絶大。どちらかでも取り入れるとアイメイクが映えます。

# PART 2

## パーツ別 似合うメイク 最強テクニック集

「美顔バランス診断」に
基づいたメイクテクニックを、
パーツ別に紹介します。
あなたの顔のタイプに合ったメイクを覚えましょう。

# 美顔バランスメイクをはじめよう！

自分のタイプがわかったら、さっそく似合うメイクにトライしてみましょう。ベースメイクからアイメイク、リップまで、メイクをする順番に紹介しているので、自分のタイプに合ったメソッドを確認しながら、やってみましょう。

## メイクはこの順番で!

1 ベースメイク →P.96
2 ハイライト →P.100
3 チーク →P.104
4 アイシャドウ →P.108
5 アイライン →P.114
6 マスカラ →P.116
7 アイブロウ →P.118
8 リップ →P.124

# パーツ別メイクページの見方

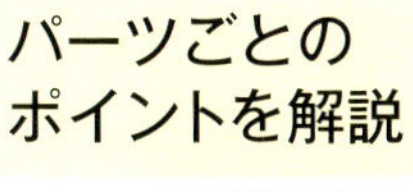
パーツごとの
ポイントを解説

Type
全タイプ
共通

全タイプに
共通するメソッド

Cheek チーク
形と入れる幅で
奥行きや
高さを操る
チークの種類は仕上がりの好みで選ぶ
チークの起点は笑ったときに
最も高くなる位置
ココを起点に
タイプごとに
広げる形を
変える
チークの形は4種類
楕円
チーク
太め楕円
チーク
丸
チーク
細め楕円
チーク

太め楕円
チーク

メソッド
の種類

タイプ別描き方

似合うタイプ

それぞれのタイプに似合う
メイクメソッド

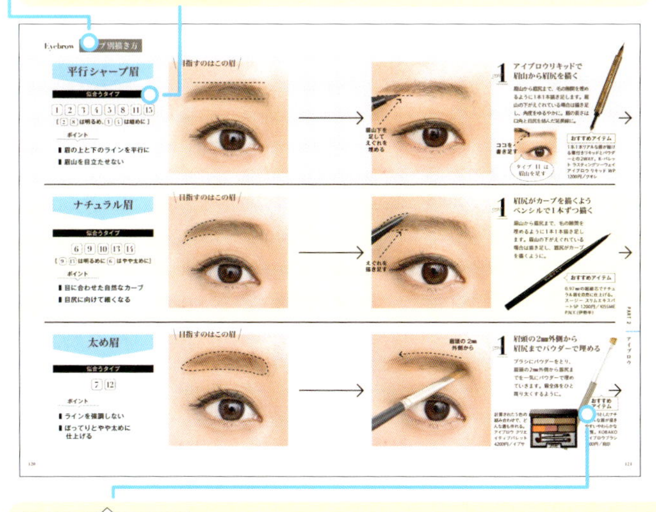
平行シャープ眉
ナチュラル眉
太め眉

おすすめアイテム　おすすめのコスメやメイク道具を紹介

写真とていねいな解説でわかりやすい！

PART 2
美顔バランスメイクをはじめよう！

# ベースメイク Basemake

# ファンデーションは仕上がりの好みで選ぶ

メイクの最初のステップであるベースメイク。シミやそばかす、赤み、毛穴といったアラをカバーするだけでなく、顔の自然な立体感を作り出します。セミマットな仕上がりのナチュラル肌と、自然な輝きのツヤ肌の作り方を解説。全タイプ共通なので好みで選びましょう。

Type
全タイプ
共通

下準備

## ベースメイクの仕上がりを決めるスキンケアは丁寧に

### step 1 コットンで化粧水をなじませる

化粧水をコットンに含ませ、軽くパッティングしてまんべんなくなじませます。肌はこすらないで。

### step 2 手のひらで化粧水をプッシュする

なじませた化粧水を手のひらの体温でプレスするように押し込みます。目のキワなど細部まで丁寧に。

### step 3 乳液で油分をあたえ潤いを閉じ込める

手のひらに乳液を広げて温め、顔全体を覆うようになじませます。乾きやすい目元、口元もしっかり。

Type
全タイプ
共通

手軽さと自然なつけ心地
## ナチュラル肌

おすすめアイテム

パウダリーファンデをつけたときの粉っぽさや重たさをブロック。明るいピーチカラーは時間が経ってもくすみ知らず。プリスティーンコンプレクションヴェール 4000円／THREE

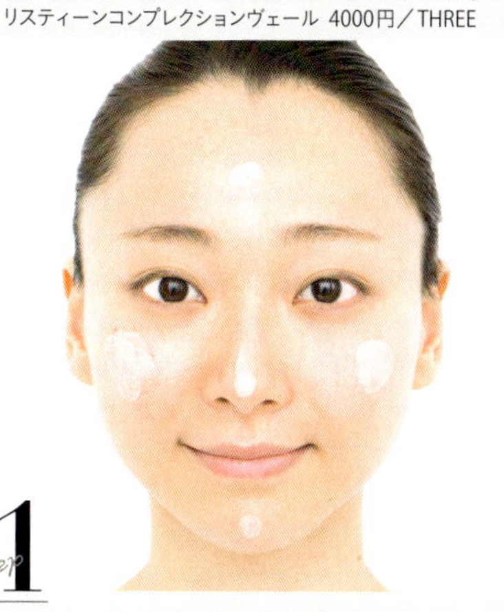

step 1
### 化粧下地を5点置きしてのばす

カラーコントロール効果のある下地を、額、両頬、鼻、あごの5箇所に置いて全体にのばします。

おすすめアイテム

重ねても厚ぼったくならず透明感のある仕上がりに。フローレス フュージョン ウルトラ ロングウェア コンシーラー 3500円／ローラ メルシエ ジャパン

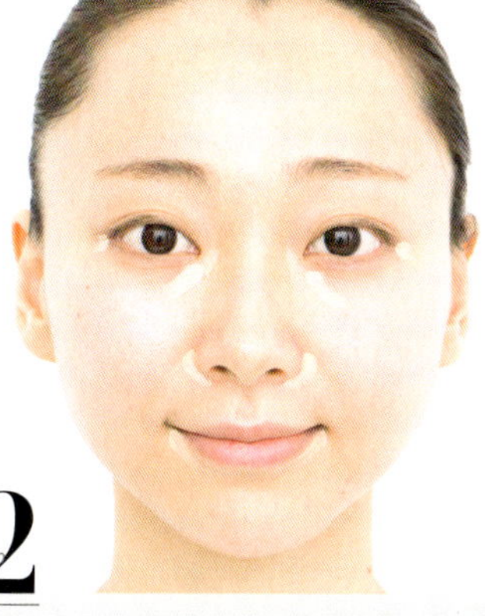

step 2
### 気になる部分にコンシーラーをオン

目の下や小鼻の横など、くすみや赤みが気になる部分にコンシーラーを塗ります。

Type
全タイプ
共通

立体感で小顔を演出
## ツヤ肌

おすすめアイテム

うるんだようなツヤ肌が手に入る。ミネラルUVグロウベース 4300円／エトヴォス

step 1
### 化粧下地を5点置きしてのばす

パール感のある下地を取り、額、両頬、鼻、あごの5箇所に置いて全体にのばします。

おすすめアイテム

適度なカバー力があるのに、透明感のある自然な肌になれる。RMK リクイドファンデーション 4500円／RMK Division

step 2
### ファンデーションをのせる

リキッドかクリームファンデーションを手に取り、額、両頬、鼻、あごの5箇所に置きます。



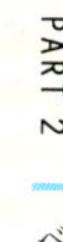

## ナチュラル肌

step 3

### 指でやさしくなじませる

塗ったコンシーラーを指の腹で軽くトントンと叩くようにしてなじませます。

おすすめアイテム

ふわっと明るく透き通った、さくらのような肌に。アスタリフト ライティングパーフェクション ロングキープパクトUV レフィル 3700円、ケース 1000円／富士フイルム

ASTALIFT

step 4

### ファンデーションを内→外方向に塗る

パウダリーファンデーションを、顔の中央から外側に滑らせるように塗ります。頬から塗り、Tゾーンや細かな部分はスポンジに残った分だけで仕上げます。

## ツヤ肌

おすすめアイテム

合成毛なのでファンデーションが吸収されず、必要な量だけを自然になじませられる。＃190 ファンデーション ブラシ 6000円／M・A・C

step 3

### ブラシで放射状に伸ばす

ブラシを使い、顔の中心から外へ、放射状にファンデーションをのばします。手とスポンジでもOKですが、ブラシの方がテクニックがなくても簡単にツヤ肌になれます。

step 4

### 気になる赤みやシミをコンシーラーでカバー

すでにファンデーションでカバーされているので、コンシーラーは気になる部分だけ最小限に塗って、指でのばします。クリームチークを使う場合はこの後に。

おすすめアイテム

ひと吹きでメイクがぴったり密着して、美しい仕上がりが長持ちする。フィックス メイクアップ 50ml 4000円／クラランス

CLARINS
Fix' Make-Up

完成！

崩れが
気になる人だけ
ワンテク

## フィニッシング剤で定着させる

メイクを定着させて、仕上がりの美しさを長持ちさせるフィニッシングミストをスプレー。

ふんわりと透明感のあるセミマットな肌が完成。

おすすめアイテム

毛穴や小ジワを自然にカバーして素肌のような仕上がりに。ルースセッティングパウダー トランスルーセント 4800円／ローラ メルシエ ジャパン

パフをもみこんで

完成！

step 5

## フェイスパウダーで押さえる

パフに粉をとり、もみ込むように含ませて余分な粉を落とし、押さえるようになじませます。

内側から輝くような立体感のあるツヤ肌が完成。

ハイライト
# Highlight
## 光の効果で魅力を強調して欠点をカバー

部分的に明るい色のパウダーをのせると、顔の高低差が際立ち立体感が出ます。タイプ別に決められた位置にハイライトを入れることで顔立ちの魅力を生かしたり、パーツの位置を補正したりできます。細めのブラシを使い、ピンスポット的に入れるのがコツ。

Type 全タイプ共通

ハイライトの入れ方
### 細めのブラシで垂直にのせる

おすすめアイテム

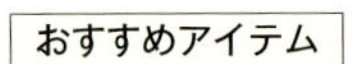

ADDICTION


**ハイライト**

白浮きしない肌なじみのいい色。アディクション　ザ ブラッシュ 001 2800円／ADDICTION BEAUTY

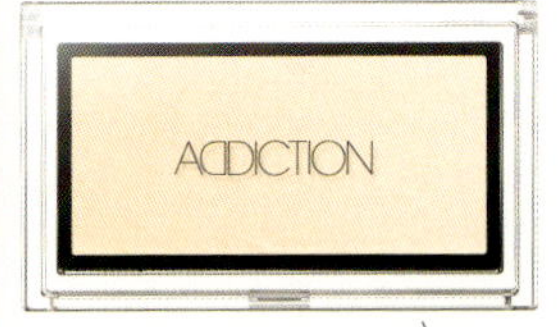

**ブラシ**

ブラシの直径が1cmと小さく、凹凸のある狭いゾーンにもピンポイントに入れられる、丸みと適度な弾力があるブラシ。オリジナル・メイクブラシ(E)4540円(税込)／MONDO-artist

step 1
**すーっと動かしてブラシに粉を含ませる**

ブラシを一往復滑らせるようにしてハイライトをとります。

step 2
**垂直にブラシを当ててハイライトをのせる**

別の位置に入れるときは、その都度ハイライトを足します。

# ハイライトの基本位置は6箇所

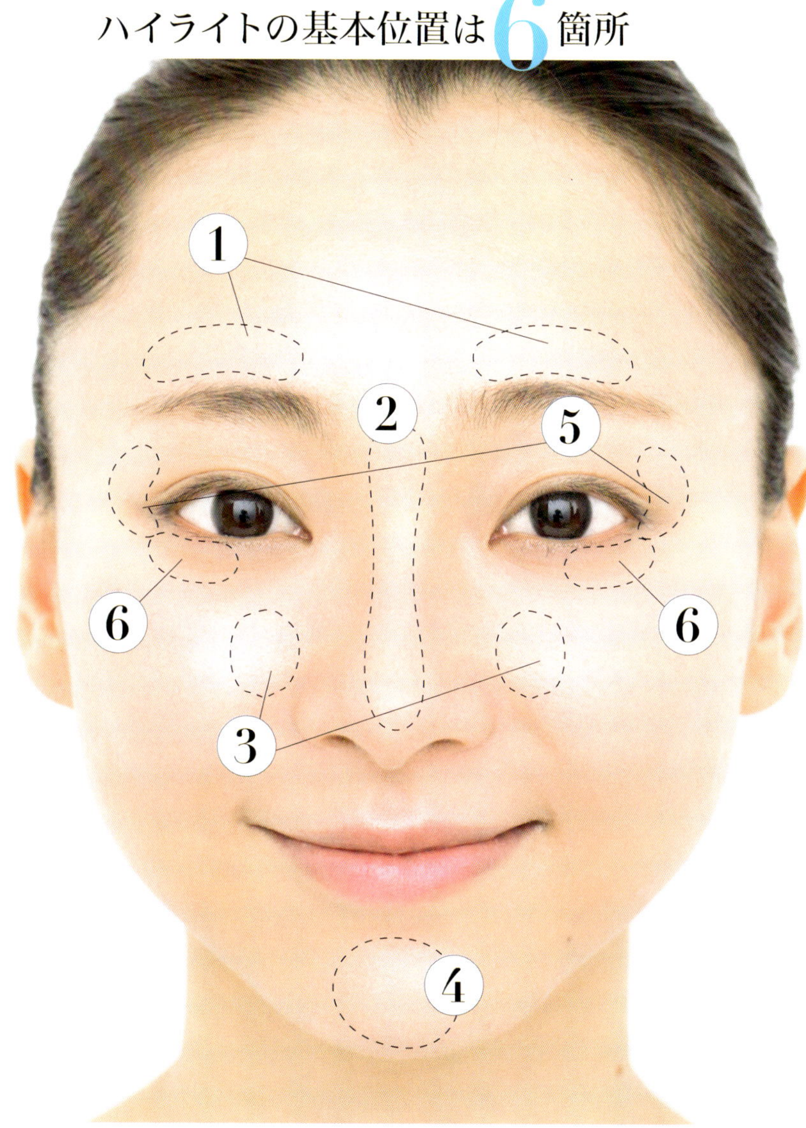
1
2
5
6
6
3
4

## 1 眉の上

眉上の部分。範囲は目の幅に合わせて。

## 2 鼻

眉間から鼻先まで。約1cm幅くらい。

## 3 頬の内側

小鼻より上で、チークと鼻筋の間。

## 4 あご

あご先。触ると最も盛り上がっている部分。

## 5 目の外側

「C」の形のように目尻を囲む位置。

## 6 目の下

下まぶたの黒目の外側から目尻までの範囲。

タイプ別の入れる位置は次ページ

Highlight タイプ別入れ方

# 光の効果で あか抜ける タイプ別 ハイライトポイント

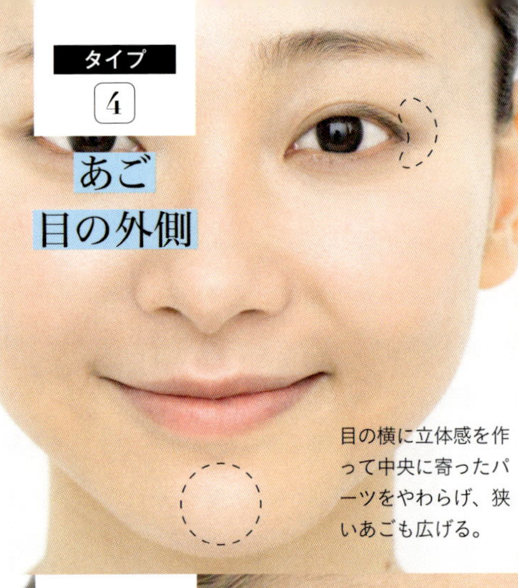
タイプ
4
あご
目の外側

目の横に立体感を作って中央に寄ったパーツをやわらげ、狭いあごも広げる。

タイプ
1 11
目の外側
目の下

目周りにふくらみを出して、上下に寄ったパーツを離す。

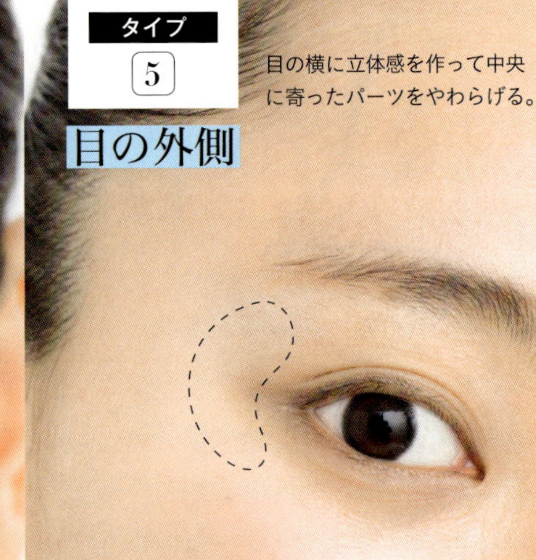
タイプ
5
目の外側

目の横に立体感を作って中央に寄ったパーツをやわらげる。

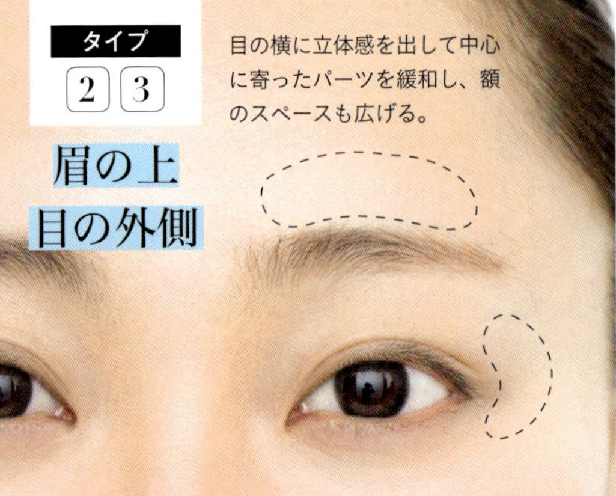
タイプ
2 3
眉の上
目の外側

目の横に立体感を出して中心に寄ったパーツを緩和し、額のスペースも広げる。

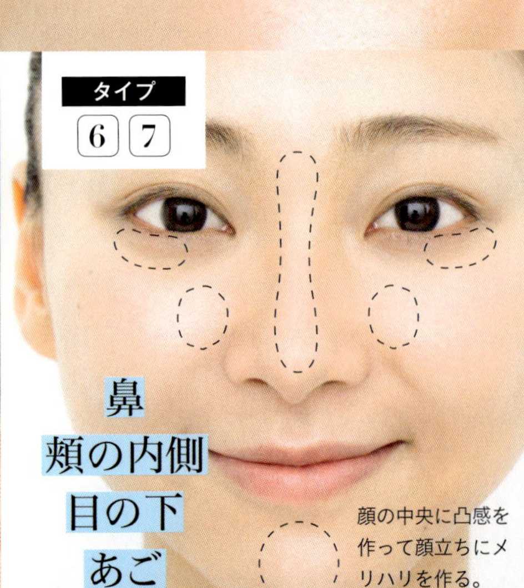
タイプ
6 7
鼻
頬の内側
目の下
あご

顔の中央に凸感を作って顔立ちにメリハリを作る。

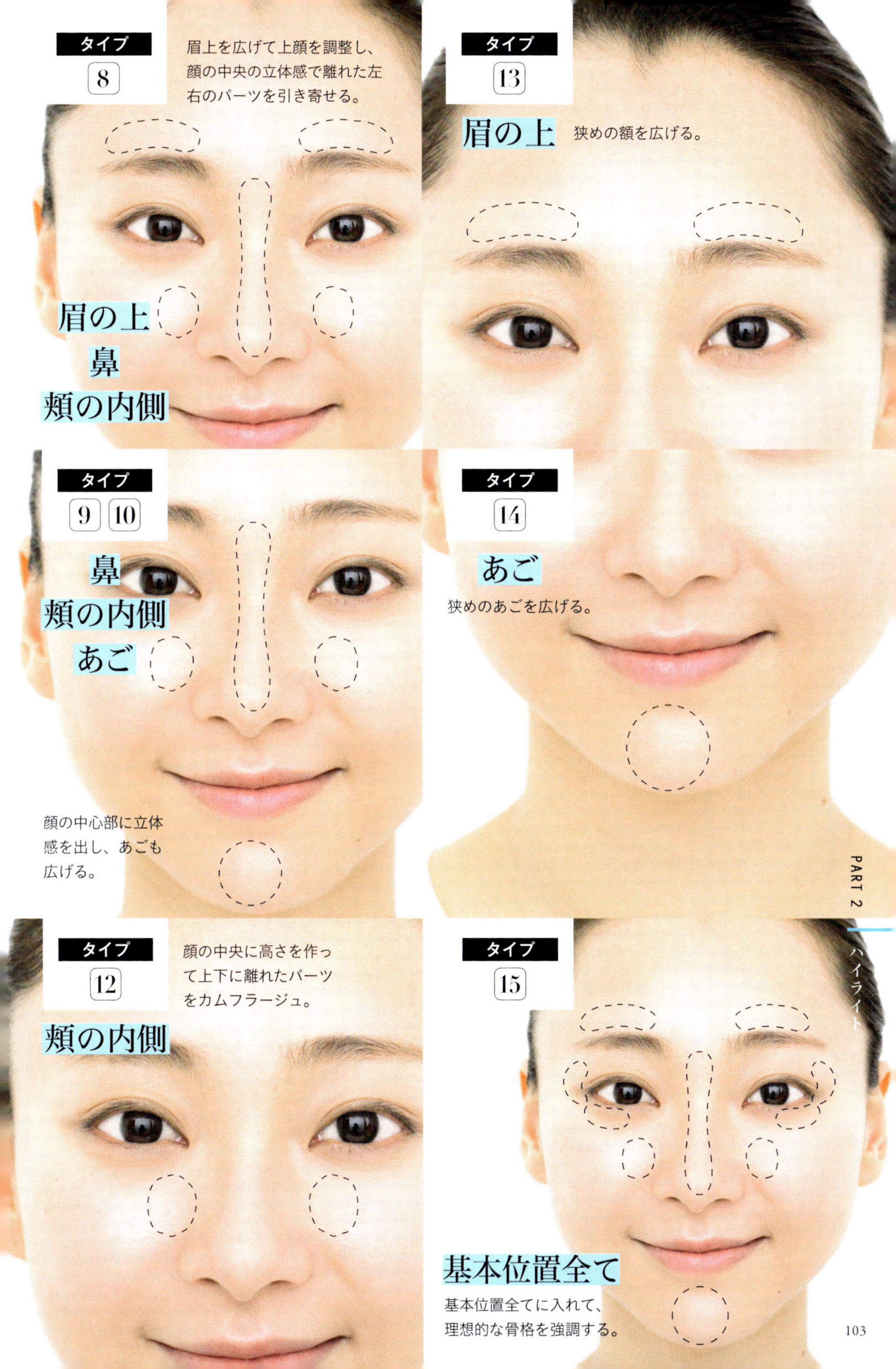
タイプ
8
眉上を広げて上顔を調整し、顔の中央の立体感で離れた左右のパーツを引き寄せる。
眉の上
鼻
頬の内側
タイプ
13
眉の上
狭めの額を広げる。
タイプ
9 10
鼻
頬の内側
あご
顔の中心部に立体感を出し、あごも広げる。
タイプ
14
あご
狭めのあごを広げる。
PART 2
ハイライト
タイプ
12
顔の中央に高さを作って上下に離れたパーツをカムフラージュ。
頬の内側
タイプ
15
基本位置全て
基本位置全てに入れて、理想的な骨格を強調する。

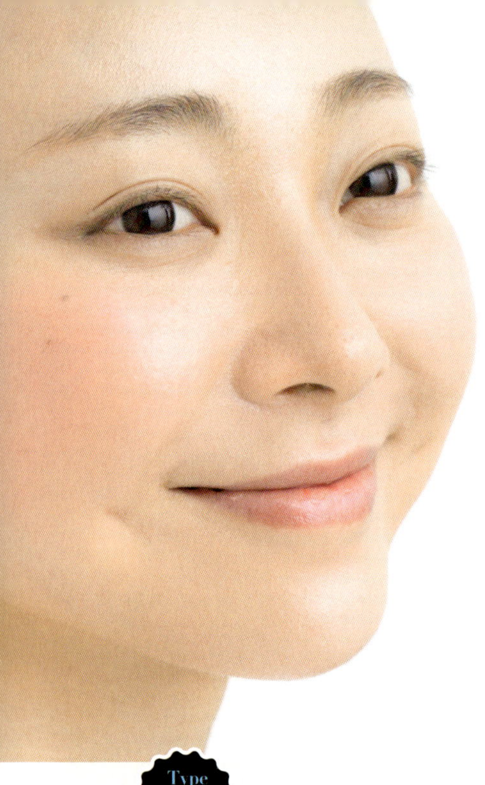

# Cheek チーク

## 形と入れる幅で奥行きや高さを操る

血色をプラスするだけでなく、奥行きを出し、頬の高さを変える効果があるチーク。形はもちろん、幅によっても顔全体の印象が変わってきます。上下のパーツが寄った人なら細めに、離れた人なら、タイプごとの雰囲気に合わせて丸や太め楕円と広めに入れるのが基本ルールです。

Type
全タイプ
共通

## チークの種類は仕上がりの好みで選ぶ

ふんわりとした血色
### パウダーチーク

COFFRET D'OR

Step 1
**ブラシの両面にしっかり含ませる**

チークをなでるようにして、しっかりと毛に含ませます。

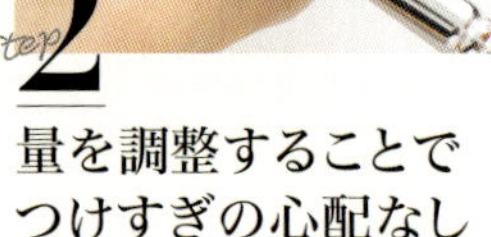

Step 2
**量を調整することでつけすぎの心配なし**

直接頬にのせず、一度手の甲ではたいて量を調整するのがコツ。

---

内側からにじみ出るツヤ
### クリームチーク

Visée

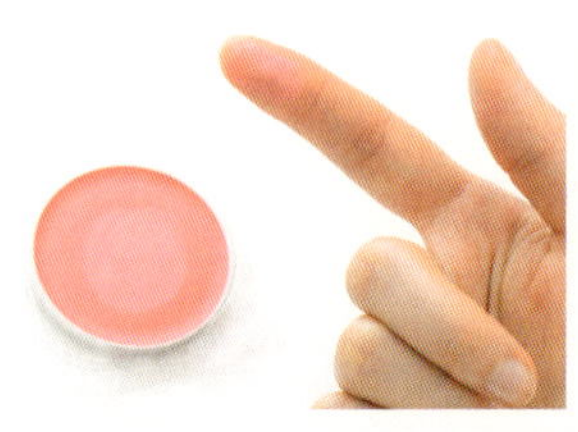

**クリームチークは指で直接とる**

指の腹にとります。薄付きなのでしっかり指につけてOK。クリームは、ツヤ肌ベースメイクと好相性。仕上げのパウダー(P.99の5)の前に使います。

Type
全タイプ
共通

# チークの起点は笑ったときに最も高くなる位置

笑ったときに高く盛り上がる部分(小鼻より上で黒目の外側くらい)を起点に、チークの形に応じてブラシを動かします。指で触れてみて、頬骨を感じる位置に入れるのが基本です。

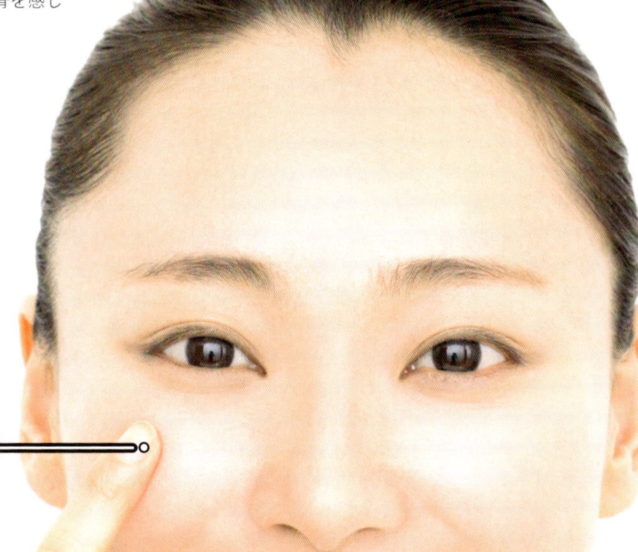

ココを起点にタイプごとに広げる形を変える

## チークの形は4種類

**楕円チーク**　シャープな雰囲気や左右のパーツが寄った顔に似合う形。

**太め楕円チーク**　上下に離れたタイプや、上寄りの顔に似合う形。

**丸チーク**　キュートな顔タイプに似合う形。上下のバランスも整えます。

**細め楕円チーク**　上下が中心に寄った華やかな顔立ちに似合う形。

タイプ別の入れ方は次ページ

## \ パウダーチークを使った場合 /

### 楕円チーク

似合うタイプ

4 5 15

### 太め楕円チーク

似合うタイプ

2 3 8 13

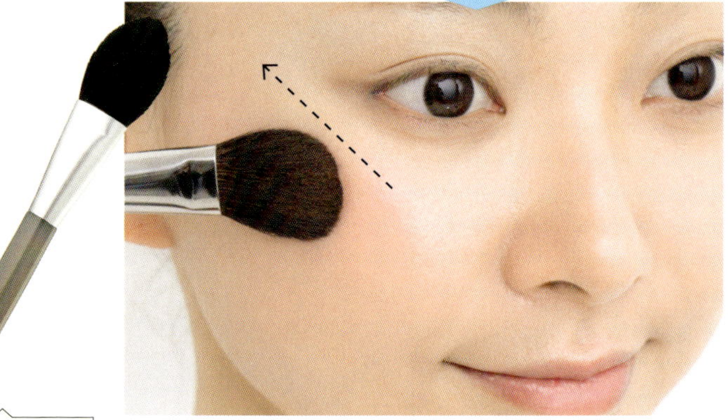

おすすめアイテム

ブラシの先端が尖っていて、軽く置いてすべらせるだけでキレイに色がのる。KOBAKO チークブラシD 4200円／貝印

### 内から外へブラシを動かす

チークの起点から、こめかみ方向にブラシを動かします。
楕円は約2cm幅、太め楕円は約3cm幅を目安に。

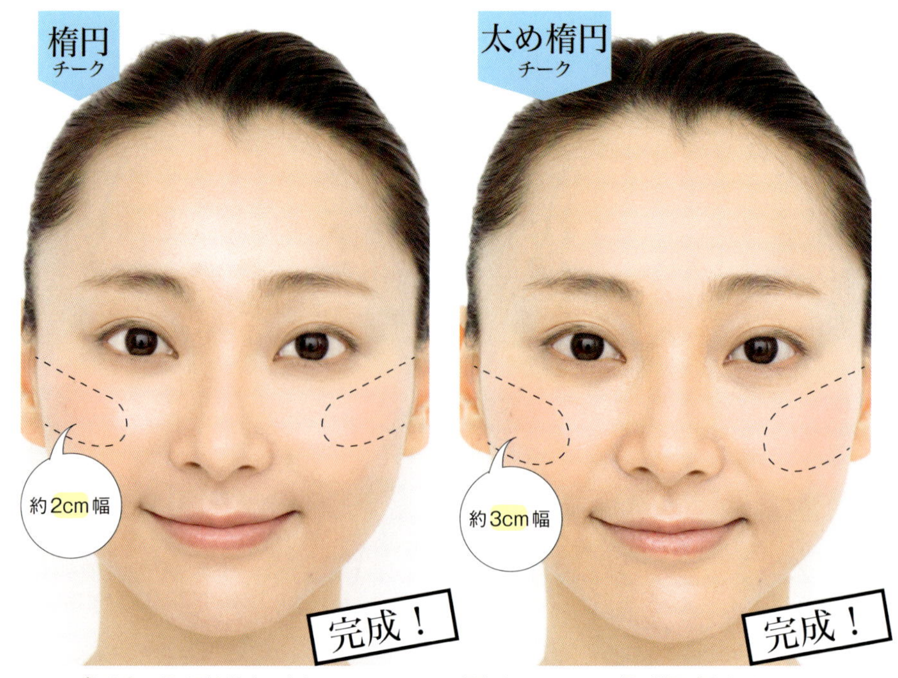
楕円チーク
約2cm幅
完成！
太め楕円チーク
約3cm幅
完成！

シャープな印象で顔が引き締まります。

幅広く入れることで顔の縦長感をカバー。

＼パウダーチークを使った場合／

# 丸チーク

似合うタイプ

7 9 10 12 14

## ブラシの毛先でふんわりとのせる

チークの起点にブラシを置き、円を描くようにブラシを動かしてふんわりとチークをのせる。

おすすめアイテム

ふんわりと自然なグラデーションが入れられる。S110チーク 丸平 7900円／白鳳堂

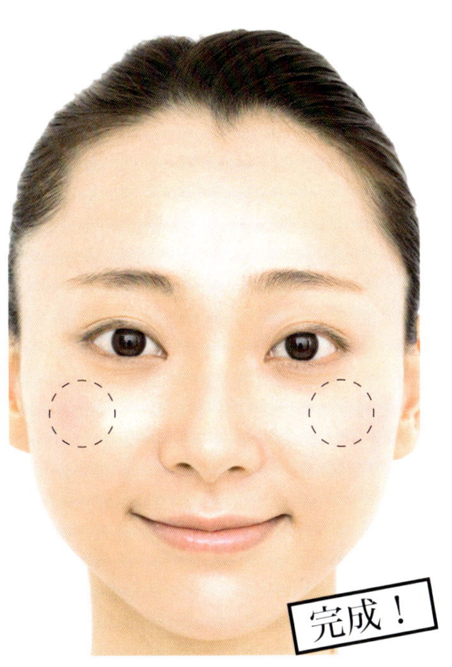
完成！

ピュアな印象で顔立ちがやわらかに。

＼クリームチークを使った場合／

# 細め楕円チーク

似合うタイプ

1 6 11

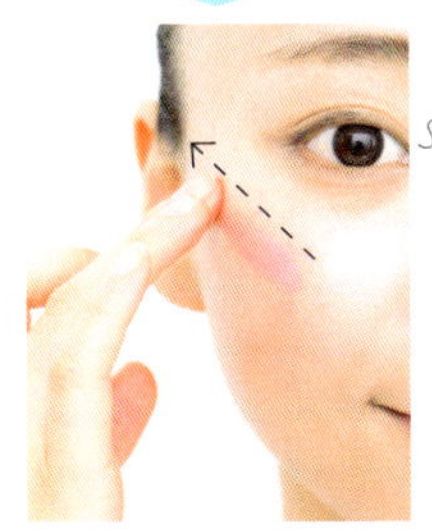

## step 1 チークのついた指をスーッと滑らせる

指にとったクリームチークをスーッと頬にのばします。

## step 2 スポンジで輪郭をぼかす

チークの輪郭をスポンジで軽く叩いてぼかします。

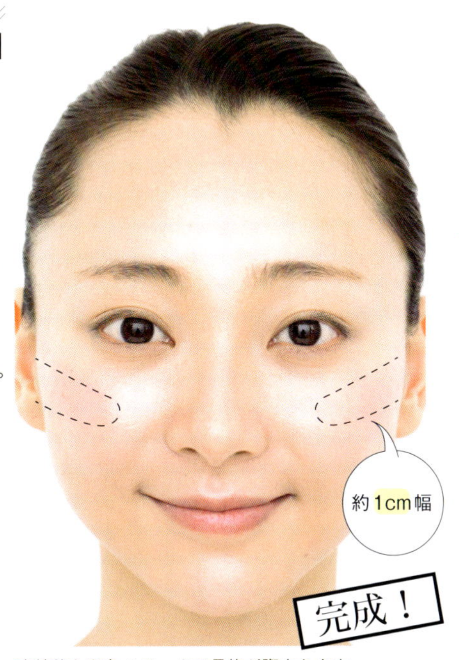
約1cm幅
完成！

直線的な印象のチークで骨格が際立ちます。

アイシャドウ

# Eyeshadow

## 左右上下のバランスを整えるアイシャドウ

アイシャドウで目の横幅や縦幅を広げると、顔のバランスが整います。アイシャドウの形は基本形の他に、縦幅の印象を強調する丸形、目尻方向へ広げて横幅の印象を強調する楕円形の３種類。ベースと締めの２色のシャドウで仕上げるので簡単です。

### ベース色、締め色の単色２色があればいい

使うのは、明るめのベース色と目のキワに入れるダークな締め色の2色の単色アイシャドウ。一般的なアイシャドウパレットは、パーソナルカラー(→P.131)とは異なる組み合わせである場合も多いため、単色を揃えましょう。

**パレットならこれがおすすめ**

イエベ向き

ブルベ向き

単色でも混ぜても調和。ルナソル ザ ベージュアイズ 01(上)、02(下) 各10000円／カネボウ化粧品

### アイシャドウは3種類

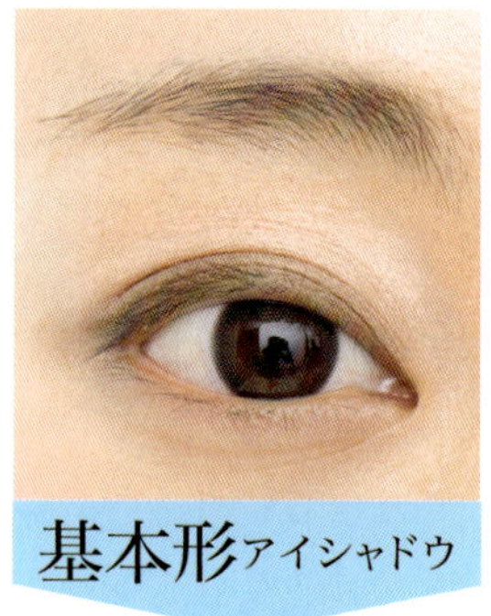

**基本形アイシャドウ**

ナチュラルな陰影。

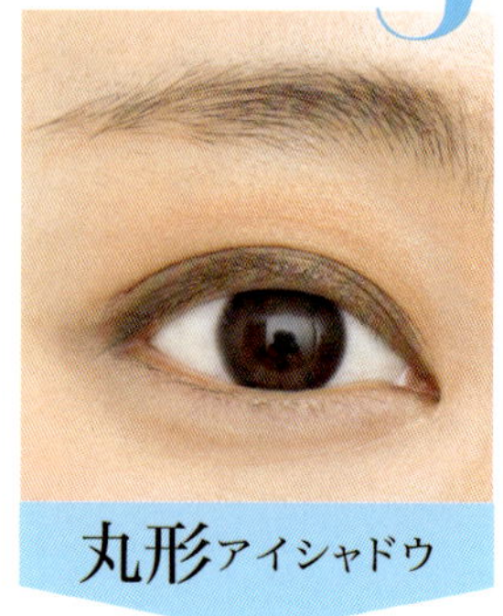

**丸形アイシャドウ**

黒目の上のシャドウで縦幅がプラス。

**楕円形アイシャドウ**

目尻側の陰影で目の横幅がプラス。

## タイプ別入れ方

### 基本形アイシャドウ

**似合うタイプ**

2 7 8 9 10 12 13 14 15

ポイント

▌ベース色はアイホール全体、締め色は目を開けて見えるところまで

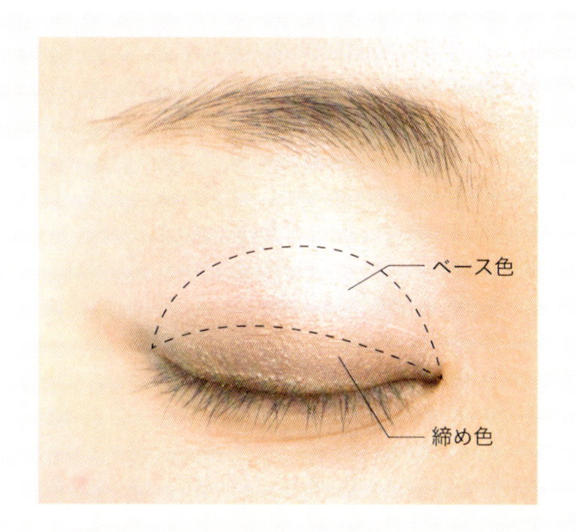
ベース色
締め色

### 丸形アイシャドウ

**似合うタイプ**

1 6 11

ポイント

▌基本形よりも目の中央を広げて、丸く仕上げる

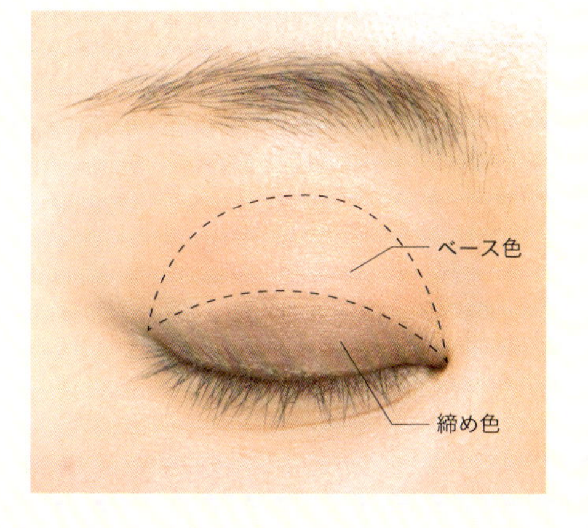
ベース色
締め色

### 楕円形アイシャドウ

**似合うタイプ**

3 4 5

ポイント

▌目尻を囲むように塗って目の横幅を強調する

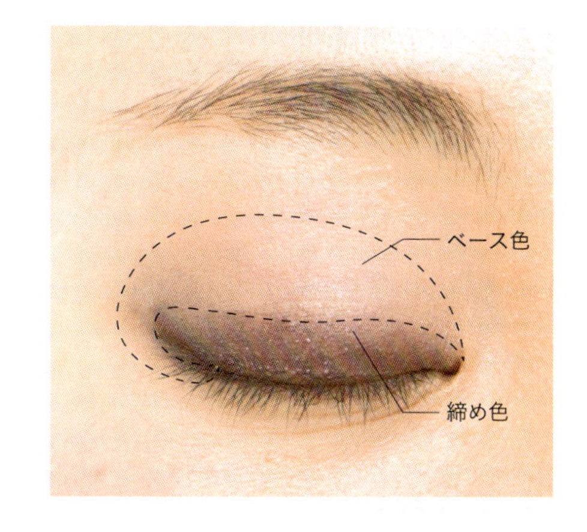
ベース色
締め色

Eyeshadow

# タイプ別入れ方

## 基本形 アイシャドウ

タイプ 7 10 12 はブラシを使って淡めに仕上げる

### step 1 ベース色を塗る

アイホール(眼球と骨の境目をアウトラインとしたふくらみ)にベース色をのせます。

**おすすめアイテム**

扱いやすい大きさの基本のアイシャドーブラシ。ブラシ10 6800円／シュウ ウエムラ

### step 2 二重幅まで締め色を塗る

二重の幅に締め色を塗ります。一重や奥二重は、二重よりも幅広く、目を開けたときに塗った範囲が見えるように。

**おすすめアイテム**

適度なコシのある丸い毛先。アイシャドウの細かな部分を仕上げるのに最適。#228S ミニ シェーダー ブラシ 3700円／M・A・C

## 丸形 アイシャドウ

### step 1 ベース色を塗る

アイホール(眼球と骨の境目をアウトラインとしたふくらみ)より広めにベース色をオン。

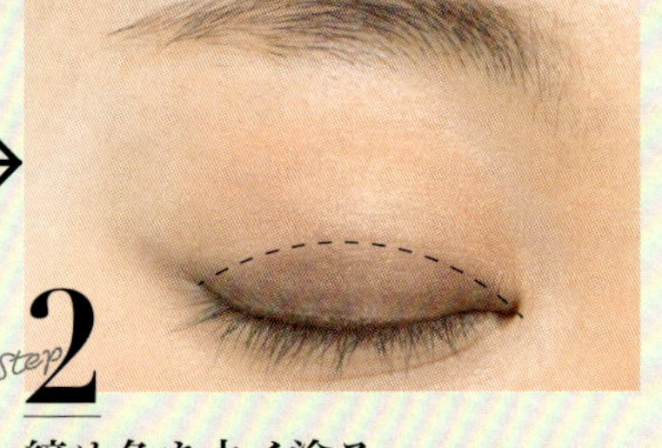

### step 2 締め色を丸く塗る

基本形シャドウに比べて、目の中央の部分が広くなるように締め色を丸く塗ります。一重や奥二重は、二重よりも幅広く、目を開けたときに塗った範囲が見えるように。

## 楕円形 アイシャドウ

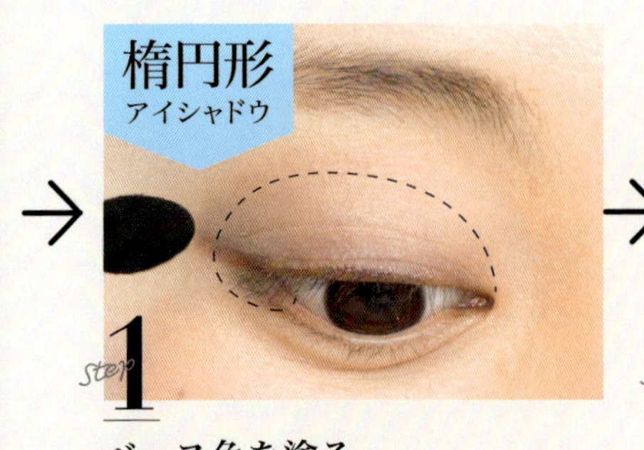

### step 1 ベース色を塗る

基本形と塗る範囲は似ていますが、目尻を横にはみ出すようにベース色を塗ります。

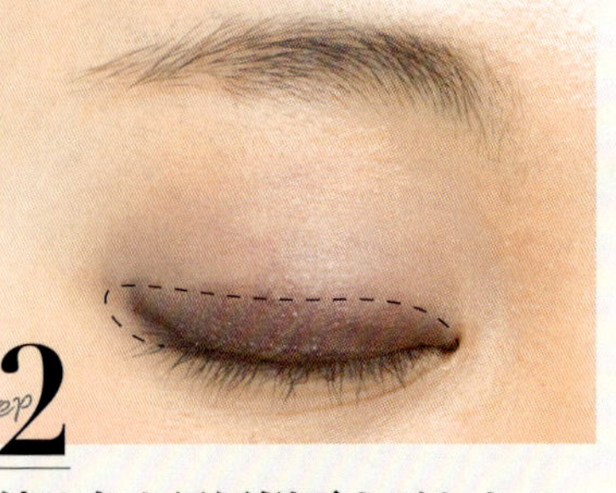

### step 2 締め色を目尻側下まぶたまで

基本形の範囲に加えて目尻を囲むように入れ、目尻から5㎜ほど下まぶたにも塗ります。一重や奥二重は、二重よりも幅広く、目を開けたときに塗った範囲が見えるように。

タイプ 2 8 13
は下まぶたも
Step 3

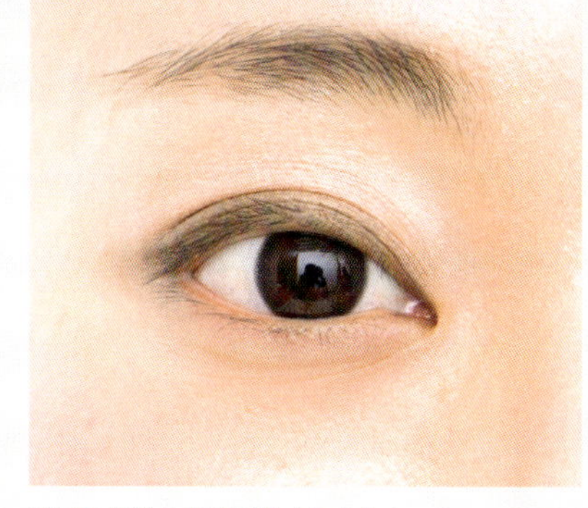
完成！

### 下まぶたも塗って縦幅を広げる

目頭から目尻までの下まぶたにベースの色を、黒目の外側1/3に締め色をオン。チップの細い方で目の際に入れます。

目元に自然な陰影が生まれました。

タイプ 1 は
下まぶたも
Step 3

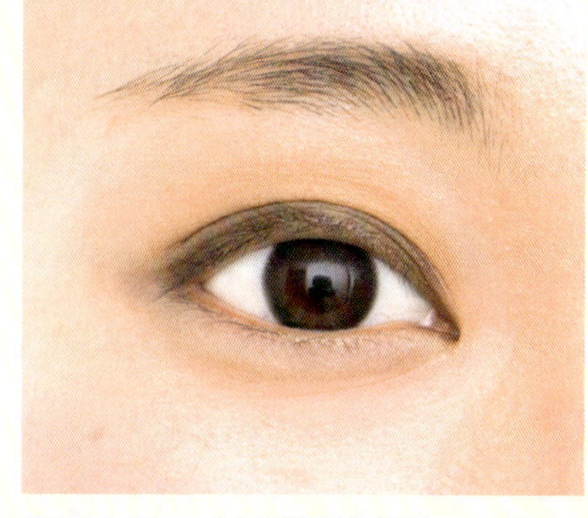
完成！

### 下まぶたも塗って縦幅を広げる

目頭から目尻までの下まぶたにベースの色を、黒目の外側1/3に締め色をオン。チップの細い方で目の際に入れます。

黒目の上のシャドウで縦幅がプラス。

Step 3

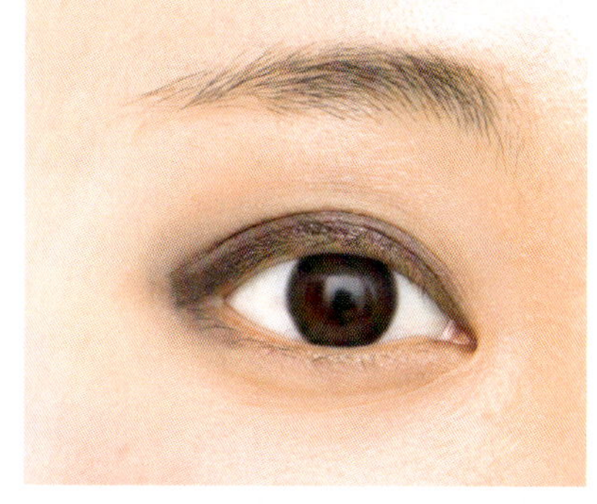
完成！

### 下まぶたも塗って縦幅を広げる

目頭から目尻までの下まぶたにベースの色を、黒目の外側1/3に締め色をオン。チップの細い方で目の際に入れます。

目尻側の陰影で目の横幅がプラス。

Eyeshadow

# アイシャドウお悩みQ&A

「つけたての発色が続かない」「パンダ目になる」「崩れたときのお直し法がわからない」など、メイクパーツのなかでも悩みが多いアイシャドウ。簡単に解決できるプロのテクニックをお教えします。

## Q パンダ目になるのを防ぐ方法は？

### A チップやブラシについた余分な粉を落としてから塗る

アイシャドウが下まぶたについてしまうのは、多くは粉のつけすぎが原因です。チップやブラシにアイシャドウを取ったら、直接まぶたにのせず、手の甲で余分な量を払ってからのせましょう。こうすることで一度にたくさんの粉がつかないので、落ちにくくなります。

## Q 夕方になるとまぶたがどんよりくすむ。解決策は？

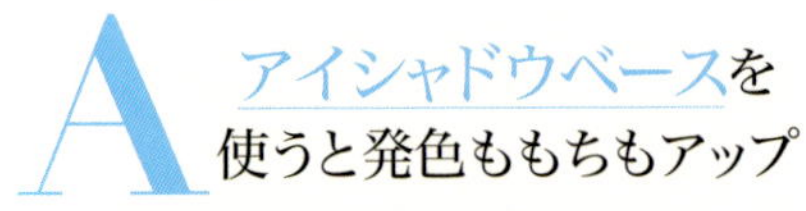

### A アイシャドウベースを使うと発色ももちもアップ

時間の経過とともに色がなじんでしまい、くすんでしまうことがありますよね。そんなときは、あらかじめアイシャドウ用の下地を塗っておきましょう。まぶたの色ムラも均一になり、アイシャドウの発色が長続きします。つけすぎるとヨレるので、少量でOKです。

おすすめアイテム

NARS

なめらかにまぶたに広がり、アイシャドウがぴたっと密着する。スマッジプルーフ アイシャドーベース 3100円／NARS JAPAN

## Q アイシャドウのお直し方法は？

### A 上まぶたは指でなじませ 下まぶたは綿棒でオフ

アイシャドウのヨレは指でなじませる

アイシャドウの崩れ方は場所によって異なります。上まぶたは二重の線やシワに入り込んでヨレ、下まぶたはパンダ目になります。ヨレたアイシャドウは、新たにつけ足さず、指の腹でなじませるだけでOKです。下まぶたは精製水を含んだウェット綿棒でオフして。個包装タイプのものが持ち歩きに便利です。

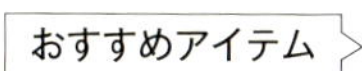
おすすめアイテム

精製水を染み込ませた綿棒。ウェット綿棒 30P 240円／ロージーローザ

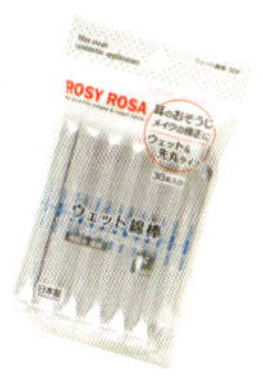
ROSY ROSA
ウェット綿棒

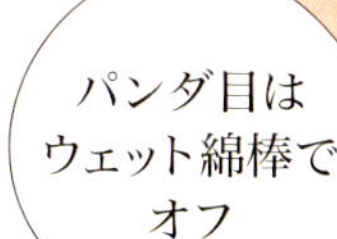
パンダ目は
ウェット綿棒で
オフ

## Q パーティや結婚式で普段のメイクをアップデートするには？

### A ラメ入りのベース色が1つあれば大丈夫

華やかなシーンのメイクでは、キラキラ輝くラメ入りのアイシャドウで目元を彩りましょう。用意するのはラメ入りの明るいベース色(プチプラコスメでOK)。普段通りにアイシャドウを仕上げた上から、ラメ入りベース色を重ねるだけで、手軽に華やかになります。

## Q パレットについている付属のブラシを使ってもいい？

### A 専用のブラシがあると仕上がりが変わるのでおすすめ

付属のブラシは外出時に便利ですが簡易的なものが多いようです。専用のブラシは毛の密度が濃いのでまぶたにアイシャドウが均一にのり、テクニックがなくてもメイク上手になれます。お手入れをすれば何年も持つので、長い目で見ればお得です。

# Eyeline アイライン

# まつ毛の根元を埋めて目のフレームを強調

まつ毛の根元を埋めて、目のフレームを際立たせるアイラインも、目の印象を左右します。「基本」のほかに、優しい印象に仕上げる「ぼかし」、目を丸く見せる「縦幅強調」の３タイプを解説。左右のパーツが中心に寄った人は、目尻を長くするテクニックを加えましょう。

正しい姿勢

## ひじを固定すればアイラインは失敗しない

「ラインがガタついてしまう」という悩みは、メイクの体勢を見直してみましょう。肘をテーブルに固定し、下に置いた鏡をのぞき込むような体勢で描くと上手に描けます。

## アイラインは3種類

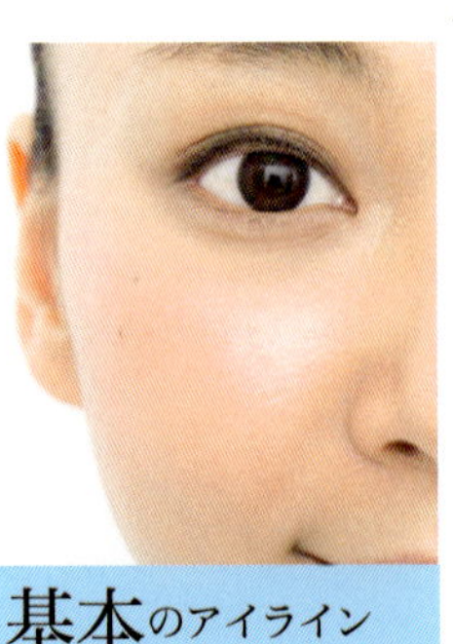

**基本のアイライン**

目元がくっきりして顔全体もシャープに。

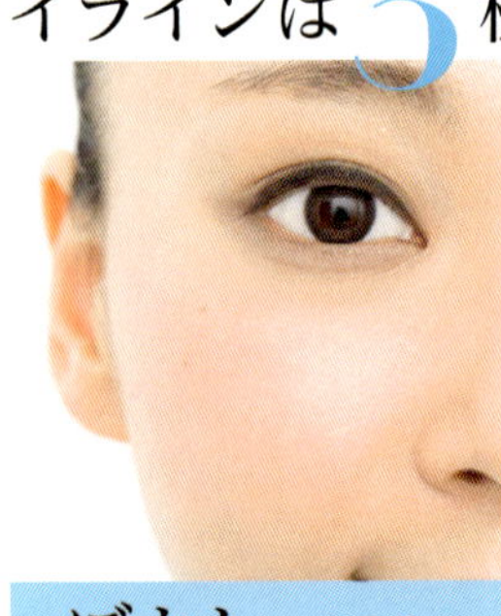

**ぼかしアイライン**

やわらかな印象なのに目力アップ。

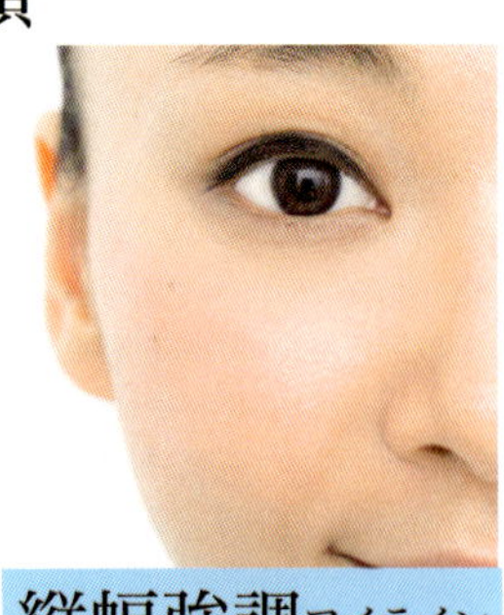

**縦幅強調アイライン**

黒目が強調され目の縦幅が広がって見える。

## タイプ別描き方

おすすめアイテム

くっきり描けるリキッドがおすすめ。絶妙なコシのあるブラシでブレずに安定して描ける。ハイパーシャープ ライナー R 1200円／メイベリン ニューヨーク

### 基本のアイライン

似合うタイプ

1 3 4 5 7 9 10 12 14 15

#### step 1 線を引くのではなく点で埋めることを意識

アイラインを描くのは、まつ毛とまつ毛の間の隙間。まぶたを持ち上げ、まつ毛の下から筆で毛をかき分けるようにして、線ではなく点で埋めます。

→

完成！

根元が埋まり目の輪郭がくっきり。

タイプ 1 3 4 5 は目尻長めに

目尻から3㎜ほどオーバーして、跳ね上げずに自然に伸ばすのがポイント。目が広がって見え、タレ目風になる。

### ぼかしアイライン

似合うタイプ

2 8 13

#### step 1 ジェルペンシルで描いてラインの上側を綿棒でぼかす

ジェルペンシルを使い、基本のアイラインを描いた後、アイラインの上側をにじませるように綿棒でぼかします。

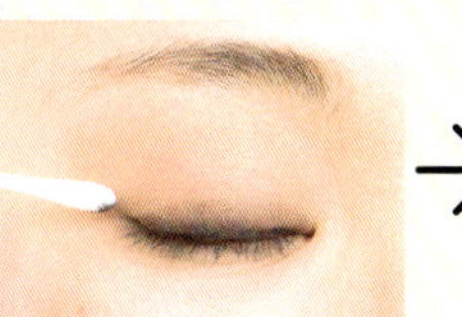

→

完成！

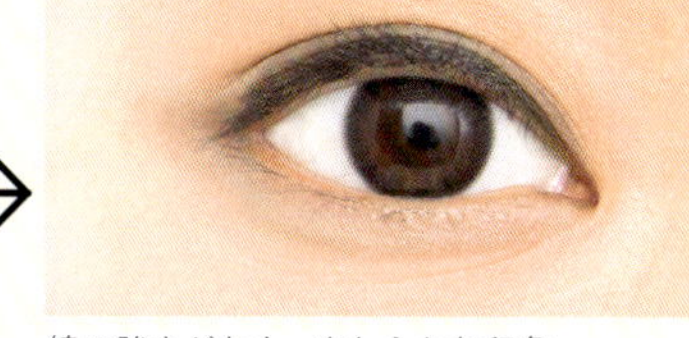

線の強さがなく、やわらかな印象。

### 縦幅強調アイライン

似合うタイプ

6 11

おすすめアイテム

やわらかな極細芯で、ひと塗りで簡単に描ける。ファインラスティング ジェルアイライナー 3800円(セット価格)／エレガンス コスメティックス

#### step 1 ジェルペンシルで黒目の上を太く仕上げる

ジェルペンシルで基本のアイラインを描いた後、黒目の上の部分のラインを太く描き足します。

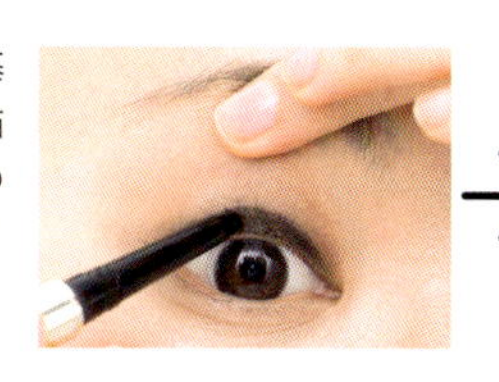

→

完成！

黒目が強調されて目がぱっちり。

# Mascara

マスカラ

## 目力を強めたい方向に重ね塗り

目力アップに欠かせないマスカラ。アイシャドウと同様に、目元の印象を強調したい方向によって塗り方を変えます。目の縦幅を出したいなら黒目の上を、目元を外に広げたいなら目尻を重ね塗りして。ロング、ボリューム、カールなどマスカラのタイプは好みで選んでOKです。

マスカラは仕上がりの好みで選んで

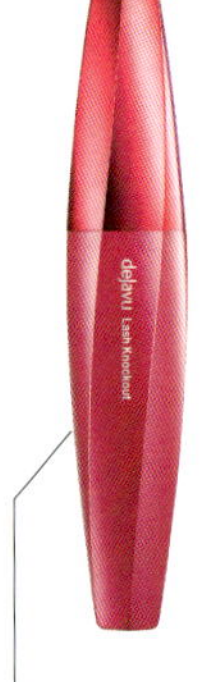
dejavu
Lash Knockout

**ボリューム**

厚みのあるフィルムが1本1本をしっかり太くするのに、ダマになりにくい。デジャヴュ ラッシュノックアウト エクストラボリューム a 1500円／イミュ

**ロング**

2種のコームが短いまつ毛も根元からとらえてどんどん伸びる。マジョリカ マジョルカ ラッシュエキスパンダー ロングロングロング 1200円／資生堂

Lash Expander Long Long Long
MAJOLICA MAJORCA

HYPER CURL
WATERPROOF

**カール**

カールがしっかりキープされるワックスが配合され、上向きまつ毛が長持ち。ボリューム エクスプレス ハイパーカール ウォータープルーフN 900円／メイベリン ニューヨーク

下準備

Type 全タイプ共通

### カール力アップのビューラーのかけ方

**肘を上げ、手首を返しながら3段階に分けてカール**

まつ毛の根元→中間→毛先と3段階に分けて挟みます。挟む位置をずらすときは、肘を上げて手首を返しながら挟むと上向きのカールに。

Type
全タイプ
共通

# 基本形マスカラの塗り方

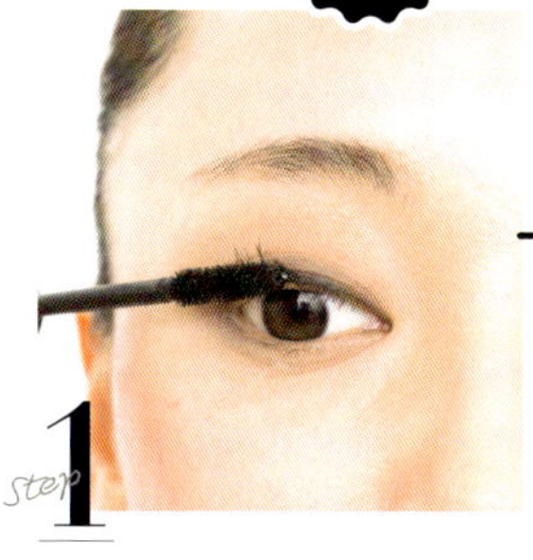
step 1

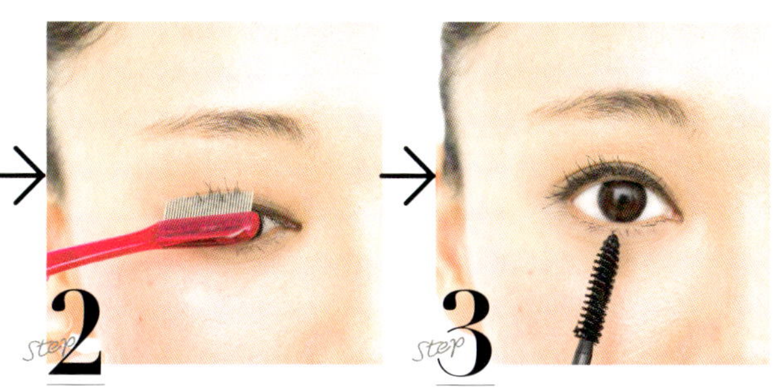
step 2
step 3

### step 1 下側だけでなく上側も忘れずに塗る

上まつ毛の上側をひとなでした後、下側からまつ毛を持ち上げるように放射状に広げながら塗ります。

### step 2 コームで1本1本を広げる

まつ毛コームでまつ毛をセパレートさせせます。何度もとかすと塗ったマスカラが取れるので1回だけ。

### step 3 下まつ毛にも塗って目の縦幅を広げる

下まつ毛はブラシを縦にして、ブラシの先端を横に動かして塗ります。下まつ毛も放射状に広げて。

---

## 基本形マスカラ

**似合うタイプ**

2 6 7 8 9
10 12 13 14 15

まつ毛が放射状に広がり目力アップ。

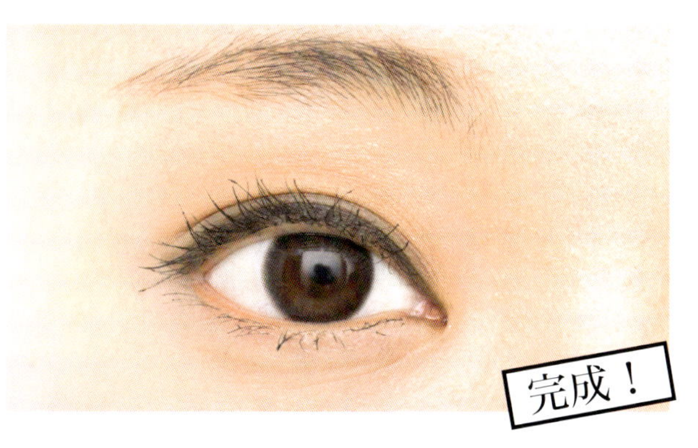
完成！

## 目尻強調マスカラ

**似合うタイプ**

1 3 4 5

基本形マスカラ ＋ 目尻を外方向へ重ね塗り

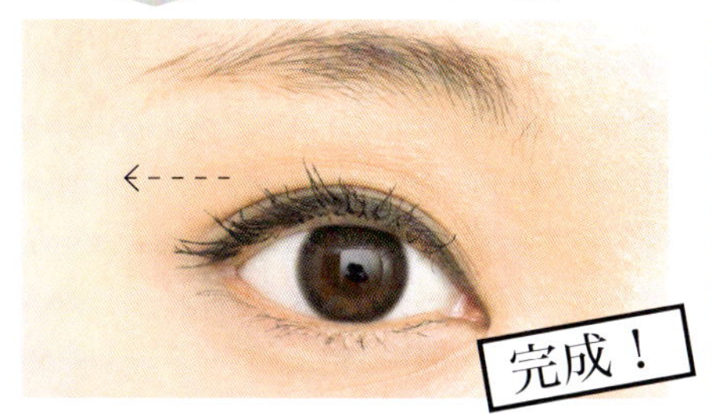
完成！

目尻のまつ毛が伸びて目の横幅が広がる。

## 縦幅強調マスカラ

**似合うタイプ**

11

基本形マスカラ ＋ 黒目の上を重ね塗り

完成！

目の縦幅が広がって目が丸く見える。

アイブロウ

# Eyebrow

## 眉は顔のフレーム。顔立ちの印象を大きく左右する

顔のフレームの役割を果たすアイブロウは、顔印象を左右する大切なメイクパーツです。シャープな雰囲気に仕上がる平行シャープ眉、目のカーブに合わせた自然なナチュラル眉、ぽってりとしたフォルムで眉の印象を和らげる太め眉の3種類の眉の描き方を紹介します。

## 眉は3種類

### 平行シャープ眉

眉山を強調しないシャープな眉で直線的な形。リキッドとパウダーでくっきり仕上げます。

### ナチュラル眉

目に合わせた自然なカーブが特徴で、眉尻に向けて細くなります。ペンシルで自然に仕上げます。

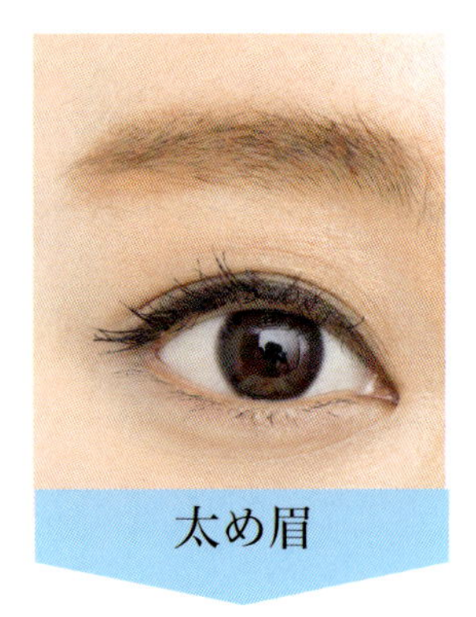

### 太め眉

ラインを強調しないぽってりとした眉。パウダーと眉マスカラでふんわりと仕上げます。

Type
全タイプ
共通

下準備

# 洗練された眉になれる基本の眉の整え方

step 1

## スクリューブラシで毛並みを整える

まず毛並みをキレイに整えます。眉頭から眉尻の一方向へ、スクリューブラシを動かします。

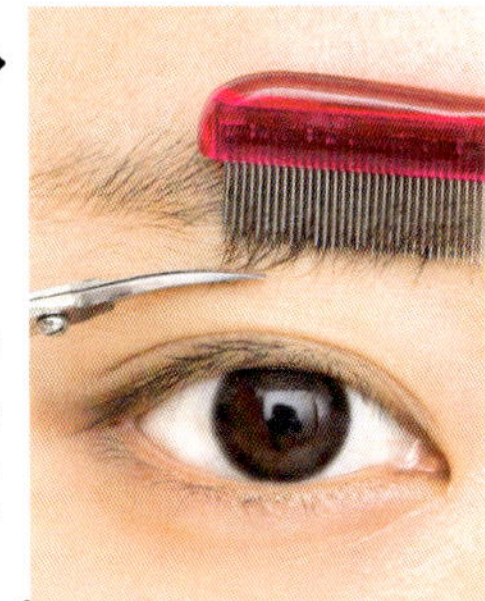

step 2

## 眉頭から眉山ゾーンのはみ出た毛をカット

眉の角度に合わせてコームを当て、下向きに押したときにコームからはみ出る毛をカットします。

step 3

## 眉尻側も同様にカット

眉尻側も同様にカット。コームを当てる角度は、眉尻の角度に合わせて斜めに当てましょう。

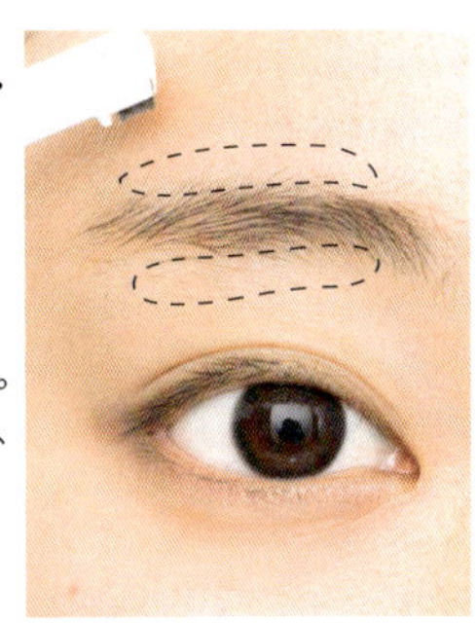

step 4

## 余分な毛をシェーバーで処理

シェーバーであきらかにはみ出た毛だけを剃ります。眉ギリギリまで剃ると不自然なので注意。

\ BEFORE /

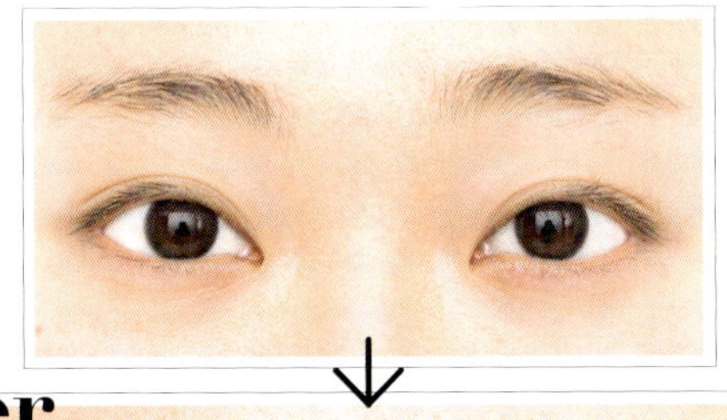

After

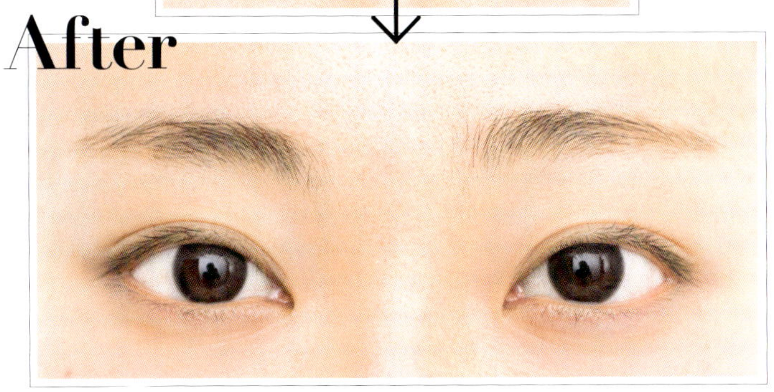

タイプ別の描き方は次ページ

## 平行シャープ眉

**似合うタイプ**

1 2 3 4 5 8 11 15

[ 2 8 は明るめ、3 4 は暗めに ]

ポイント

- 眉の上と下のラインを平行に
- 眉山を目立たせない

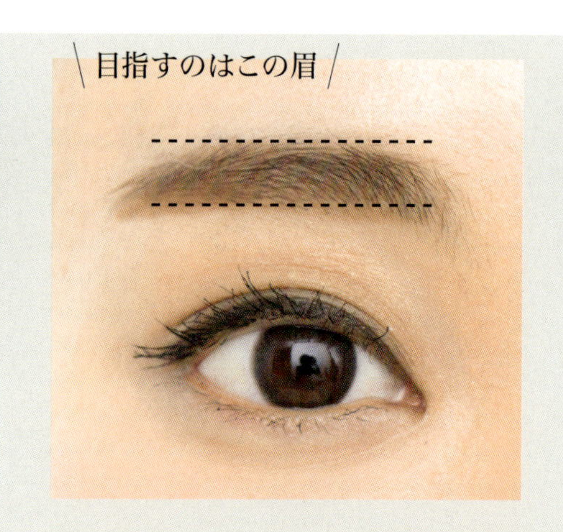
目指すのはこの眉

## ナチュラル眉

**似合うタイプ**

6 9 10 13 14

[ 9 13 は明るめに、6 はやや太めに ]

ポイント

- 目に合わせた自然なカーブ
- 目尻に向けて細くなる

目指すのはこの眉

## 太め眉

**似合うタイプ**

7 12

ポイント

- ラインを強調しない
- ぽってりとやや太めに仕上げる

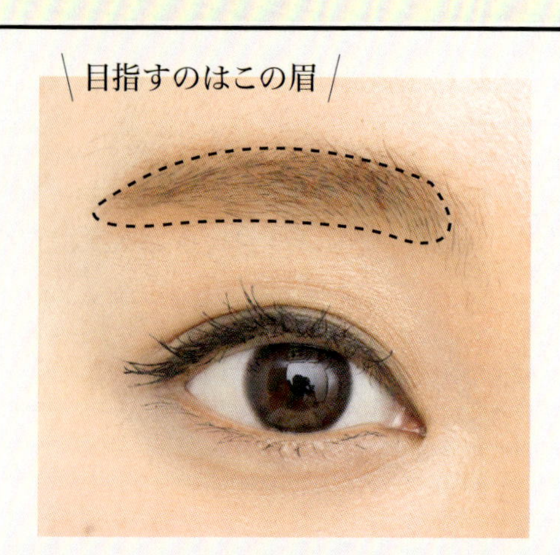
目指すのはこの眉

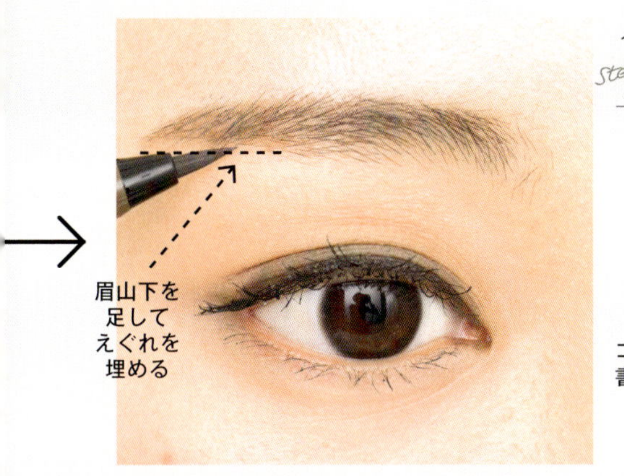

眉山下を
足して
えぐれを
埋める


## step 1 アイブロウリキッドで眉山から眉尻を描く

眉山から眉尻まで、毛の隙間を埋めるように1本1本描き足します。眉山の下がえぐれている場合は描き足し、角度をゆるやかに。眉の長さは口角と目尻を結んだ延長線に。

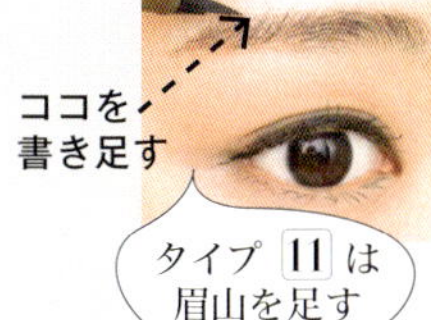

ココを
書き足す


タイプ 11 は
眉山を足す

おすすめアイテム

1本1本リアルな眉が描ける薄付きリキッドとパウダーとの2WAY。K-パレット ラスティングツーウェイアイブロウ リキッド WP 1200円／クオレ

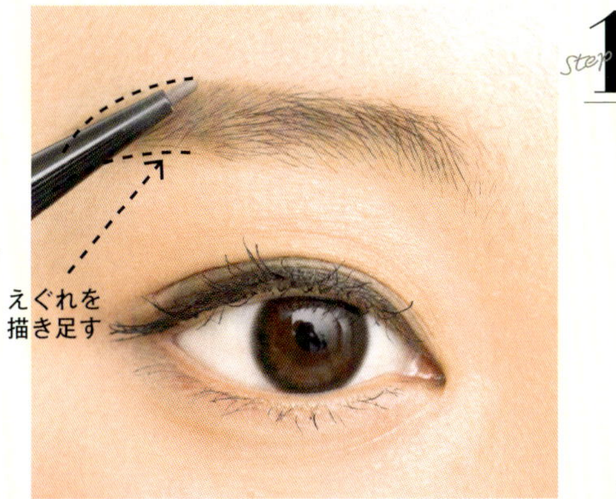

えぐれを
描き足す


## step 1 眉尻がカーブを描くようペンシルで1本ずつ描く

眉山から眉尻まで、毛の隙間を埋めるように1本1本描き足します。眉山の下がえぐれている場合は描き足し、眉尻がカーブを描くように。

おすすめアイテム

0.97㎜の超細芯でナチュラル眉を自然に仕上げる。スージー スリムエキスパートSP 1200円／KISSME P.N.Y.(伊勢半)

眉頭の 2㎜
外側から


## step 1 眉頭の2㎜外側から眉尻までパウダーで埋める

ブラシにパウダーをとり、眉頭の2㎜外側から眉尻までを一気にパウダーで埋めていきます。眉全体をひと周り太くするように。

おすすめアイテム

計算された5色の組み合わせで、どんな眉も作れる。アイブロウ クリエイティブパレット 4200円／イプサ

ふんわりとしたナチュラルな眉が描きやすいやわらかな毛質。KOBAKO アイブロウブラシ 1800円／貝印

## 平行シャープ眉

平行シャープ眉

step 2

### 眉頭から眉山を同様に描き足す

眉頭から眉山までの毛のまばらなところを1本1本描き足します。眉頭はこの後のパウダーの工程で描くので、ここでは描きません。

## ナチュラル眉

ナチュラル眉
眉頭より2㎜外側から

step 2

### 描いたラインをアイブロウブラシでぼかす

眉頭から2㎜ほど外側の位置から眉山までを同様にペンシルで描いたら、コシのあるアイブロウブラシで描いたラインをぼかします。

おすすめアイテム

少し荒い毛質で描くのもぼかしも思いのまま。オリジナル・メイクブラシ(M)3280円(税込)／MONDO-artist

## 太め眉

太め眉

step 2

### スクリューブラシで眉頭を鼻筋へぼかす

スクリューブラシで眉頭を鼻筋の方向へぼかします。これによって眉から鼻筋にかけての陰影が生まれて、顔の中央に立体感が出ます。

おすすめアイテム

オリジナル・メイクブラシ(S・BRUSH)1410円(税込)／MONDO-artist

眉頭の上を足す

## 3 描いたラインにパウダーをのせる

ブラシにパウダーを取り、リキッドアイブロウで描いた部分に重ねます。眉頭が細い人は、眉頭の上を描き足して眉の上と下のラインを平行に近づけて。

少し荒い毛質で描くのもぼかしも思いのまま。オリジナル・メイクブラシ(M)3280円(税込)／MONDO-artist

おすすめアイテム

計算された5色の組み合わせ。アイブロウ クリエイティブパレット 4200円／イプサ

完成！

平行シャープ眉で鼻筋が強調され、顔全体の縦のラインが強くなります。

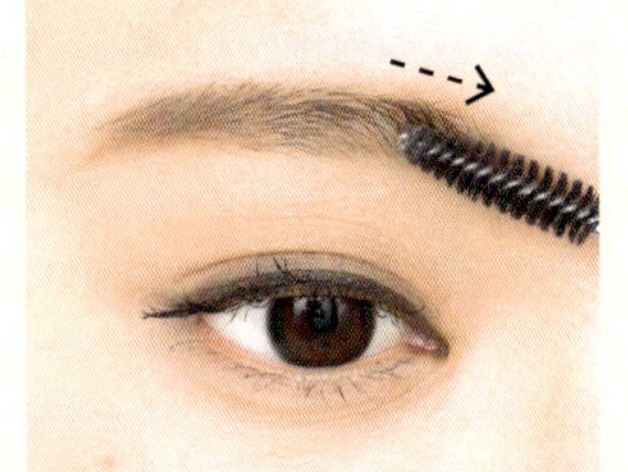

## 3 スクリューブラシで眉頭を鼻筋へぼかす

スクリューブラシで眉頭を鼻筋の方向へぼかします。眉頭と鼻筋が自然につながり、陰影が生まれます。

オリジナル・メイクブラシ(S・BRUSH)1410円(税込)／MONDO-artist

おすすめアイテム

完成！

美しい弧を描いたナチュラル眉が女性らしく、顔全体が華やかな印象になります。

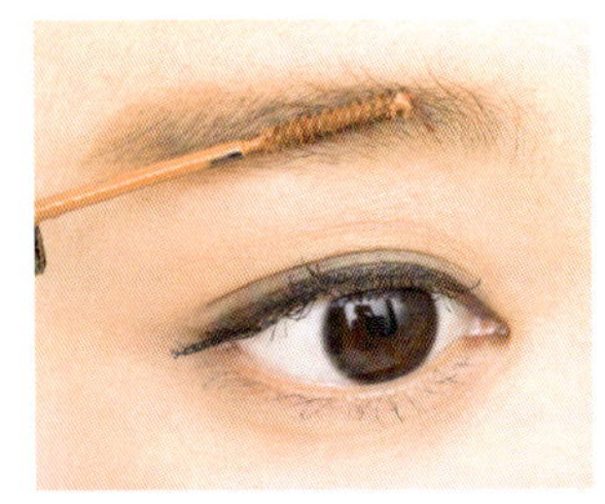

## 3 アイブロウマスカラを毛の根元からつける

眉マスカラで眉色を明るくして抜け感を作ります。表面をなぞるのではなく、毛を立ち上げるように根元からつけて。

色落ちしにくい。ケイト 3Dアイブロウカラー 850円(編集部調べ)／カネボウ化粧品

おすすめアイテム

完成！

太眉効果で顔全体が優しい印象に。目が大きく見え、小顔効果も抜群。

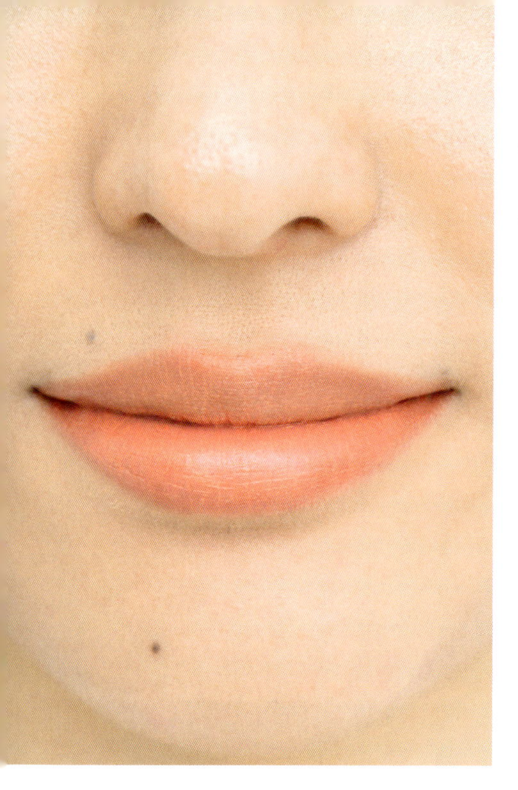

# Lip リップ

## 口紅の濃淡と輪郭で印象やバランスを調整

美顔バランスメイクでは、リップは上下のパーツバランスを調整できます。例えば、パーツが中心に寄っている場合は、口元の印象が強まる濃いめ発色のリップを塗ることで、下方向に整えることができます。口紅の色は肌色との相性が重要なので、パーソナルカラーに合ったものを選びましょう。

## リップは2種類+ライン

口紅の発色の濃淡・リップラインの有無を組み合わせて、パーツバランスを調整します。発色の濃淡は手に塗ったときの肌色の透け具合で判断を。肌色が透けてほんのりとした色づきなら「淡め」、肌色が透けずしっかりとした発色なら「濃いめ」です。

### 淡め発色リップ

薄付きでツヤ感のある口紅を選び、直塗りでぽってり仕上げます。口元の印象が強くなり過ぎず、左右や上下が離れている「優」タイプや、「上」タイプの人に似合います。

### 濃いめ発色リップ

濃く、しっかりと付くタイプの口紅を選び、ブラシで塗ることで輪郭を際立たせます。左右や上下が寄っている「凛」タイプや、落ち着いた雰囲気のタイプに似合います。

＋

### リップライン

口紅を塗る前にリップライナーで輪郭をとります。輪郭を強調することでシャープな印象になり、口元の印象が強くなります。左右が寄った「凛」タイプの大人っぽさにマッチ。

## 淡め発色リップ

素の唇の色が透けるようなナチュラルな色で、肌色も明るく見えます。かわいらしい印象。

## 淡め発色リップ ＋ リップライン

ラインを加えることで口元にシャープさがプラス。ナチュラルだけどきちんとした印象。

## 濃いめ発色リップ

発色が濃くなるとシャープさが加わり、顔全体のバランスも下重心の印象になります。

## 濃いめ発色リップ ＋ リップライン

口元の印象がさらに強くなり目元以上に視線を集めます。セクシーな印象も加わります。

タイプ別の塗り方は次ページ

## 直塗り 淡め発色リップ

**似合うタイプ**

2 3 4 5 6 7 8 9 10 13 14

※ 4 14 は濃いめ発色も似合う

なめらかなベースが唇の凹凸を均一にし、その後の口紅のツヤが続く。アディクション　リッププロテクター＋エッセンス 10g 1800円／ADDICTION BEAUTY

おすすめアイテム

### Step 1 リップベースで色ムラ、唇の凹凸をキレイに

淡め発色の口紅はくすみが目立ちやすいので、リップベースで整えておきます。

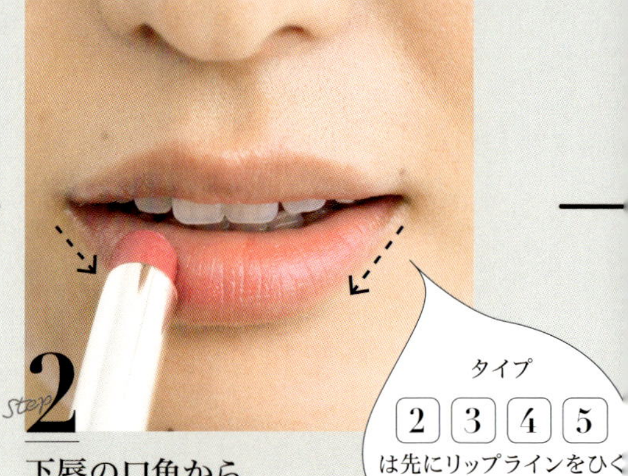

タイプ
2 3 4 5
は先にリップラインをひく

### Step 2 下唇の口角から口紅を直塗りする

下唇の口角から中央に向かって口紅を直塗りします。塗ったら、上下の唇を合わせてなじませます。

## ブラシ塗り 濃いめ発色リップ

**似合うタイプ**

1 4 11 12 14 15 ※ 4 14 は淡めも似合う

たっぷりムラなくリップが塗れる絶妙なコシのブラシ。キャップ付き。オリジナル・メイクブラシ（収納タイプ）4100円（税込）／MONDO-artist

おすすめアイテム

### Step 1 リップブラシに口紅をとり上唇の口角から塗る

タイプ
1 4
は先に
リップラインをひく

リップブラシに口紅をなじませたら、先に上下の唇の輪郭をなぞって輪郭を決めます。

### Step 2 下唇の口角から輪郭の内側を塗りつぶす

上唇→下唇の順で、なぞった輪郭の内側を口角から塗りつぶします。

Step 3

## 唇の山の部分は
## スタンプ塗り

上唇も下唇と同様に塗ります。唇の山の部分はスタンプを押すように塗ると立体的に。

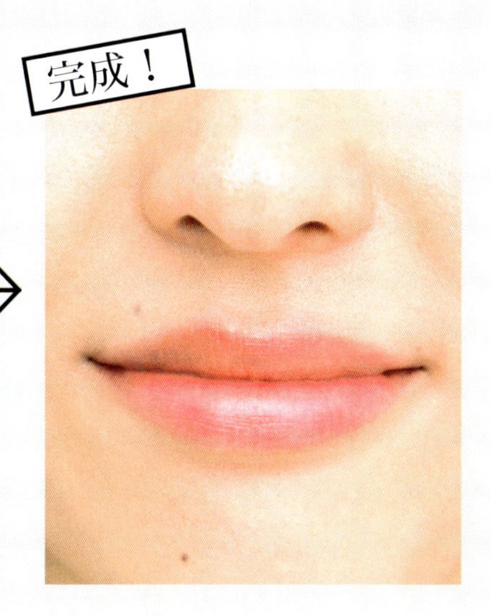
完成！

自然なツヤ感のあるふっくらとした唇に。

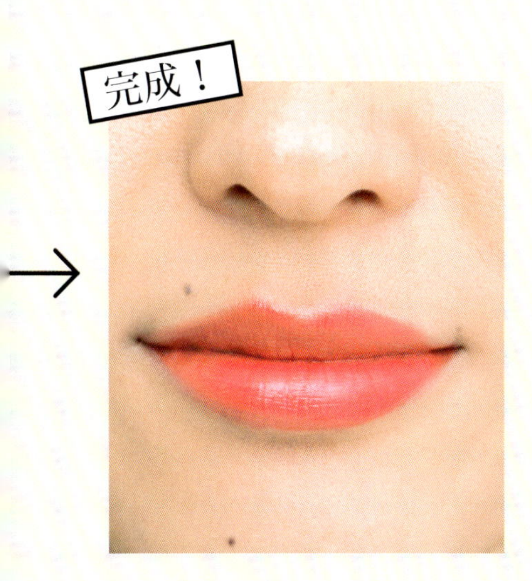
完成！

シャープな輪郭が際立った印象的な唇に。

Type
全タイプ
共通

\ POINT /

## 唇にボリュームが
## 欲しいときは
## ハイライトペンシルで
## 山を強調

パール入りのベージュや白のハイライトペンシルを使い、上唇の山の少し外側をなぞると唇がふっくらと肉感的に見えます。

Makeup Method

# タイプ別 メイクメソッド 一覧表

美顔バランスメイクのメイクメソッドをタイプごとの一覧表にまとめました。
ほかのタイプとの共通点や違いがわかります。

| タイプ／パーツ | ハイライト | チーク | アイシャドウ | アイライン | マスカラ | アイブロウ | リップ |
|---|---|---|---|---|---|---|---|
| 1 | 目の外側・目の下 | 細め楕円 | 丸形＋下 | 基本＋目尻長 | 目尻強調 | 平行シャープ | 濃いめ＋ライン |
| 2 | 眉の上・目の外側 | 太め楕円 | 基本形＋下 | ぼかし | 基本 | 平行シャープ（明るめ） | 淡め＋ライン |
| 3 | 眉の上・目の外側 | 太め楕円 | 楕円形＋下 | 基本＋目尻長 | 目尻強調 | 平行シャープ（暗め） | 淡め＋ライン |
| 4 | 目の外側・あご | 楕円 | 楕円形＋下 | 基本＋目尻長 | 目尻強調 | 平行シャープ（暗め） | 濃いめ or 淡め＋ライン |
| 5 | 目の外側 | 楕円 | 楕円形＋下 | 基本＋目尻長 | 目尻強調 | 平行シャープ | 淡め＋ライン |
| 6 | 頬の内側・鼻・あご・目の下 | 細め楕円 | 丸形 | 縦幅強調 | 基本 | ナチュラル | 淡め |

| パーツ／タイプ | ハイライト | チーク | アイシャドウ | アイライン | マスカラ | アイブロウ | リップ |
|---|---|---|---|---|---|---|---|
| 7 | 頬の内側・鼻・あご・目の下 | 丸 | 基本形（淡め） | 基本 | 基本 | 太め | 淡め |
| 8 | 眉の上・鼻・頬の内側 | 太め楕円 | 基本形＋下 | ぼかし | 基本 | 平行シャープ（明るめ） | 淡め |
| 9 | 頬の内側・鼻・あご | 丸 | 基本形 | 基本 | 基本 | ナチュラル（明るめ） | 淡め |
| 10 | 頬の内側・鼻・あご | 丸 | 基本形（淡め） | 基本 | 基本 | ナチュラル | 淡め |
| 11 | 目の外側・目の下 | 細め楕円 | 丸形 | 縦幅強調 | 縦幅強調 | 平行シャープ | 濃いめ |
| 12 | 頬の内側 | 丸 | 基本形（淡め） | 基本 | 基本 | 太め | 濃いめ |
| 13 | 眉の上 | 太め楕円 | 基本形＋下 | ぼかし | 基本 | ナチュラル（明るめ） | 淡め |
| 14 | あご | 丸 | 基本形 | 基本 | 基本 | ナチュラル | 濃いめ or 淡め |
| 15 | 基本位置全て | 楕円 | 基本形 | 基本 | 基本 | 平行シャープ | 濃いめ |

How to Care

# メイクアイテムのお手入れ法

肌に直接触れるメイクアイテムは、皮脂などがついて雑菌の温床になりがち。
発色も悪くなってしまうので、こまめにお手入れをしましょう。

Items

## メイクブラシ

### ティッシュでその都度拭いて 週1洗浄で清潔を保つ

使い終わったらその都度、ティッシュで汚れをふき取り、週に1回洗うのが理想的です。コップに入れたぬるま湯に中性洗剤かシャンプーを2〜3滴落としてかき混ぜるように洗い、よくすすいだら形を整えて陰干しします。化粧品メーカーから発売されているブラシ専用クリーナーもおすすめ。

Items

## スポンジ・チップ

### 直接洗剤をつけてもみ洗い 劣化したら交換を

週に1回、中性洗剤や固形石鹸を汚れの部分に直接つけてもみ洗いをします。すすいだらタオルなどで水分をふき取り乾かして。洗剤で落としにくい場合は、スポンジ専用クリーナーを使うのがおすすめ。表面が劣化してきたら、化粧品のつきが悪くなるので買い替えて。毎日の使用で半年ごとの交換が目安です。

Items

## 口紅・マスカラ

### コスメについた汚れは ウェットティッシュで拭き取る

マスカラブラシの柄の部分や、容器の口の周りに固まったマスカラ液は密閉性が低下して乾燥の原因になるのでキレイに拭きましょう。また、口紅の蓋についた汚れも清潔にしましょう。拭く時は、ティッシュを使うとほこりがつきやすくなるので、ウェットティッシュを使うのがおすすめです。

Items

## ビューラー

### ティッシュでふき取り 替えゴムはこまめに交換を

ビューラーのゴムは次第に弾力がなくなります。そのまま使い続けると余計な力がかかってまつ毛が切れたり、何度も挟み直したりすることでまつ毛の傷みの原因に。半年〜1年に1度は新しいゴムに交換しましょう。また、ビューラーの縁についたアイシャドウなどの汚れはその都度ふき取りましょう。

## メイクアイテムの使用期限は?

メーカーによって推奨する使用期限は変わってきますが、未開封なら3年、開封後はファンデーションなら約1年、ポイントメイクなら約2年を目安に使い切りましょう。

それを超えた場合は自己責任になりますが、酸化していくため、使い始めより発色やもちが悪くなるうえ、雑菌も増えていくので早めに使い切るようにしましょう。

# PART 3

# パーソナルカラー診断で似合うメイクの色がわかる！

似合うメイクをするために重要な要素の「色」。
色のタイプを4つに分類した
「パーソナルカラー診断」で
あなたに似合うメイクの色を知りましょう。

# パーソナルカラー診断とは

## 肌や目の色から似合う色がわかる!

パーソナルカラー診断とは、生まれ持った肌や目の色から、あなたに似合う色を導き出すものです。診断結果は「スプリング」「サマー」「オータム」「ウインター」の4つに分かれます。パーソナルカラーはその人の肌や目、髪の色に調和し、その人のよさを引き立てることができます。

同じ肌色でも合わせる色で見え方が変わる!

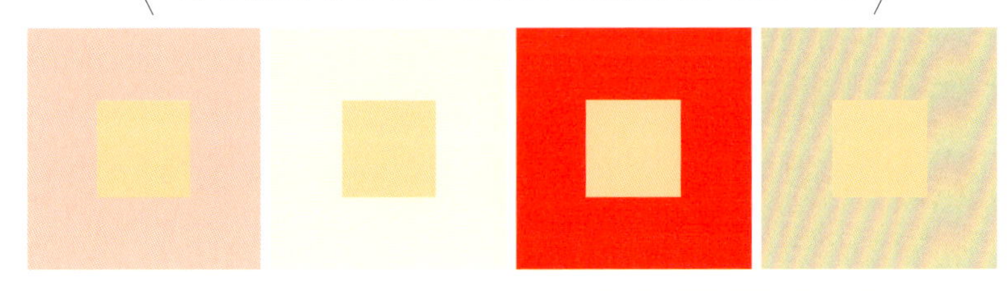

**似合う色**
を身につければ…

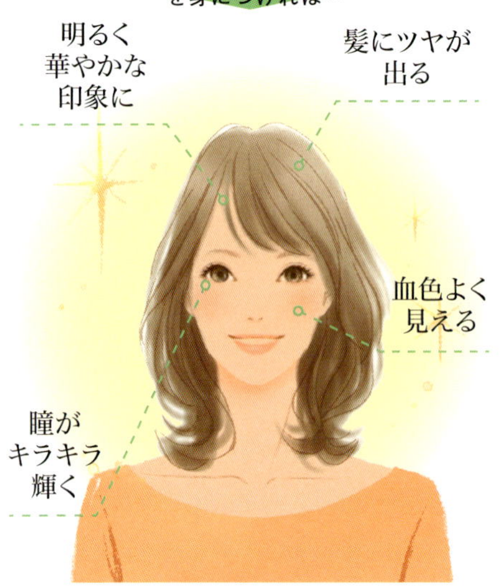
明るく
華やかな
印象に
髪にツヤが
出る
血色よく
見える
瞳が
キラキラ
輝く

**似合わない色**
を身につければ…

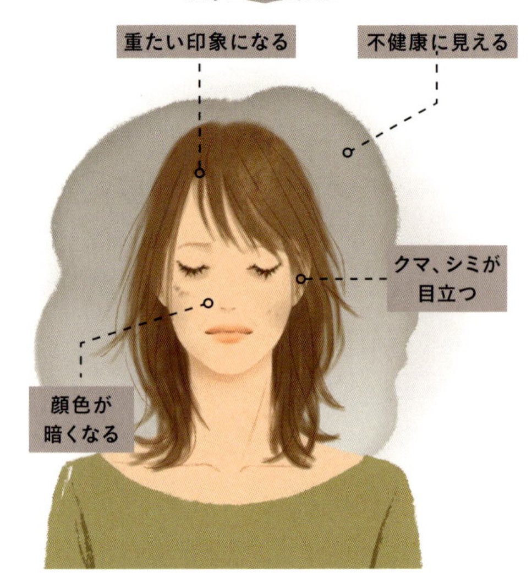
重たい印象になる
不健康に見える
クマ、シミが
目立つ
顔色が
暗くなる

# 4つのカラータイプイメージ

黄みのあるイエローベース

## Spring
スプリングタイプ

春に咲く花や緑

あたたかく明るい

やさしげなイメージ

→ P.138

## Summer
サマータイプ

初夏や梅雨の空

淡いパステル調

やわらかなイメージ

→ P.144

青みのあるブルーベース

## Autumn
オータムタイプ

こっくりした秋の紅葉

あたたかで深みがある

落ち着いたイメージ

→ P.150

## Winter
ウインタータイプ

きりりとした冬の空気

メリハリがある

シャープなイメージ

→ P.156

次のページでさっそく診断してみましょう！

〔SELF CHECK〕

# パーソナルカラー診断

あなたのパーソナルカラーのタイプを診断しましょう。
付属のカラー診断シートで簡単に診断することができます。

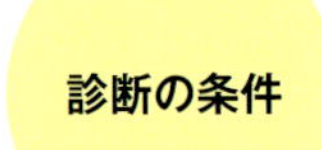
診断の条件

White

### 白色灯の下で行う

診断は、白色灯の部屋で行いましょう。白熱灯はオレンジがかった色のため診断に影響が出てしまいます。

OFF

### ノーメイクで行う

肌本来の色、シミやくすみなどの目立ち方がわかりやすいように、化粧を落とした状態で行うのがベターです。

White
or
Black

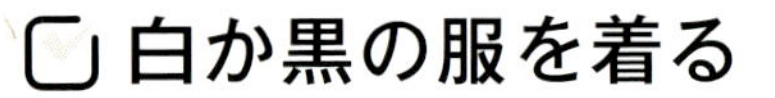

### 白か黒の服を着る

診断のときに着ている服が影響しないように、なるべく白色または黒色のTシャツなどを着て診断しましょう。

診断方法

### シートを顔横にあてて、映り方を見る

本書の巻末についているカラー診断シートを切り取ります。鏡の前で、シートを顔の横にあて、右のページの項目に沿って診断します。一番多くあてはまったシートが、あなたのカラータイプです。

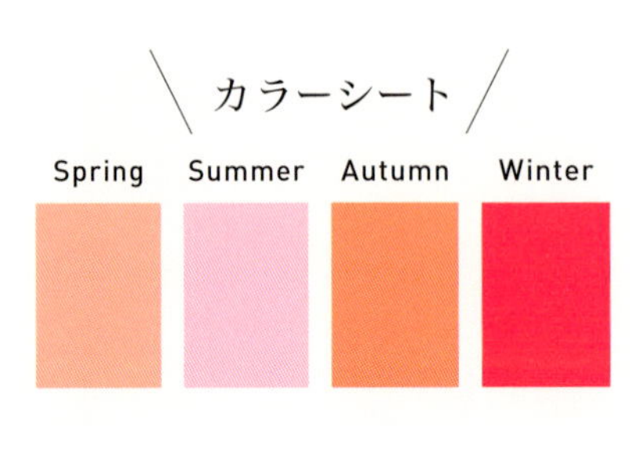
カラーシート
Spring
Summer
Autumn
Winter

# 4つのシートでcheck!

CHECK 1 肌のムラが一番出にくいシートは？

CHECK 2 肌の表面が一番きめ細かに見え、乾燥して見えないシートは？

CHECK 3 シミ、シワ、クマ、ほうれい線が一番目立たないシートは？

CHECK 4 顔全体がたるみなく、一番引きしまって見えるシートは？

CHECK 5 目の下にあてて、一番瞳がきれいに輝くように見えるシートは？

CHECK 6 髪にあてて、ツヤ感が一番引き立つシートは？

＼ わかりにくいときは ／

ベースの色を判断

スプリングとオータム、サマーとウインターをそれぞれ組み合わせて持って診断。まず、イエローベースなのかブルーベースなのかを判断します。

イエローベース
Spring
Autumn

ブルーベース
Summer
Winter

手で診断

シート2枚を並べておき、上に手を置いて、くすみが出ない色を選びます。ネイルをしている場合は、色が影響するので手をグーにして置きましょう。

check!

# 4つのタイプの特徴

黄みのあるイエローベース

## Spring TYPE

黄みのある
くすみのない
明るい肌

このタイプの有名人

上戸彩、桐谷美玲、
蛯原友里、菅野美穂、
宮沢りえ

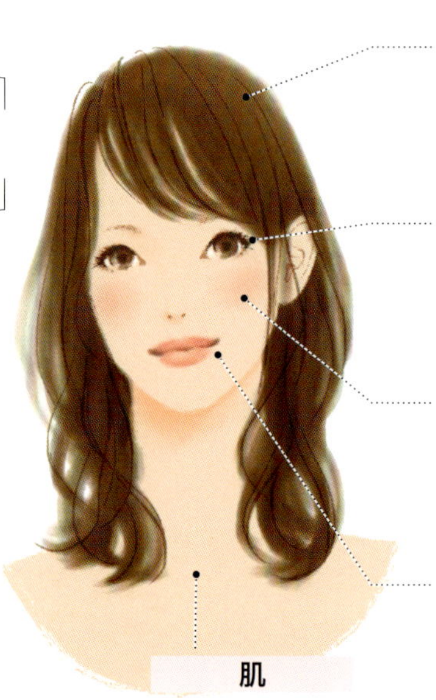

**ヘア**
色が抜けやすくもともとうすい。明るくしても違和感がない。

**目**
色がうすく、茶色系。瞳と虹彩がはっきり区別できる。

**頬**
あたたかみのあるオレンジ系の色。そばかすがある人が多い。

**唇**
オレンジがかったピンク色。

**肌**
乳白色で陶器のような白肌。
日焼けすると明るい茶色になる。

## Autumn TYPE

黄みがかった
ベージュ系の肌

このタイプの有名人

北川景子、長谷川潤、
加藤綾子、安室奈美恵、
天海祐希

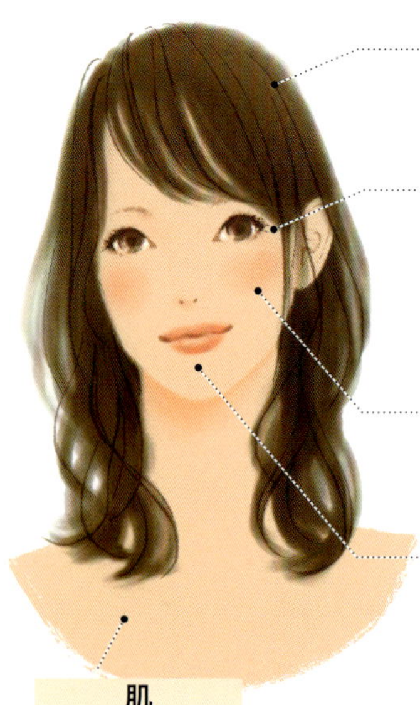

**ヘア**
ダークブラウンから黒髪に近い、深い茶系。

**目**
ダークブラウン系の色。目の印象は強く、白目と黒目のコントラストはやや弱め。

**頬**
赤くなりにくく、オレンジ系のチークがよく似合う。

**唇**
オレンジ系の色。人によりくすみがかっている。

**肌**
象牙のような、やや冷たい、黄味がかった色。スプリングより濃い肌色をしている。

# Summer TYPE

## やや青白く、黄みが少ない肌

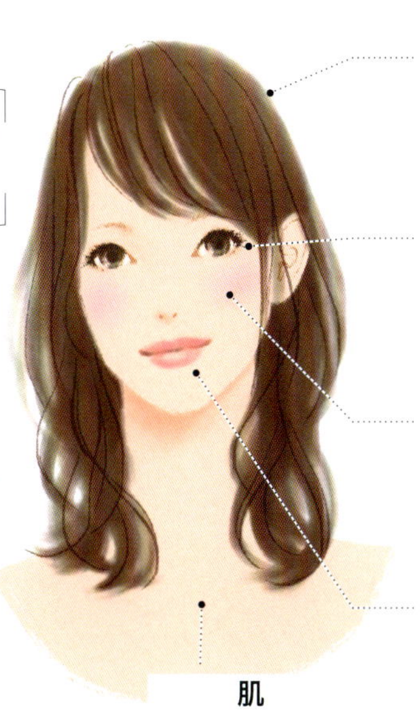

**ヘア**
強すぎない、ソフトなブラックカラー。日本人に多い髪色。

**目**
ソフトな黒色。白目とのコントラストがやわらかい。

**頬**
黄みのない、赤みを帯びた色。赤みが出やすい人が多い。

**唇**
やや青く、くすみがかったローズ系のピンク色。

**肌**
うすく透明感がある。極端な色白、色黒の人は少なく、やや青白い印象がある。

このタイプの有名人

綾瀬はるか、広末涼子、壇蜜、松嶋菜々子、鈴木京香

# Winter TYPE

## 黄みが少なく、青みがかった肌

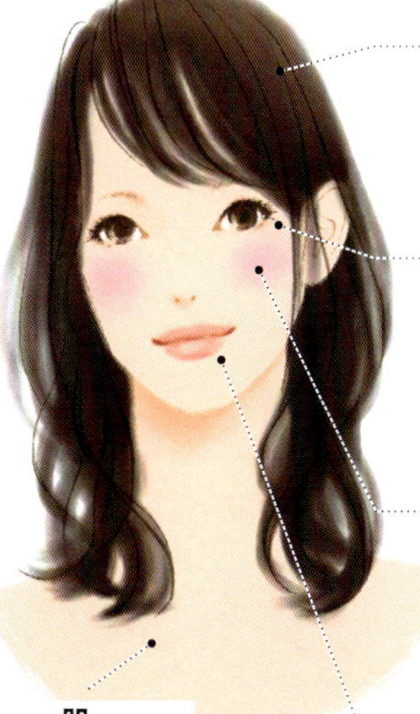

**ヘア**
茶色味が少なく、ほとんどの人が真っ黒。カラーも黒系がよく似合う。

**目**
真っ黒で、瞳の中の境界が見えない。目の印象は強く、白目と黒目のコントラストもはっきりしている。

**頬**
やや青みがかったピンク色をしている。チークはイエロー系よりもブルー系のピンクが似合う。

**唇**
赤い色をしている。肌との境界線もはっきりしている。

**肌**
色白の人は透けるような白さを持っている。日焼けをすると、くすんだグレーっぽい茶色になる。

このタイプの有名人

黒木メイサ、剛力彩芽、夏目三久、小雪、柴咲コウ

青みのあるブルーベース

# Spring TYPE

スプリングタイプ

## 春のイメージ、<br>明るいカラーがぴったり

春に咲く花やビタミンカラーのような
明るい色がよく似合います。

## スプリングタイプの似合う色

① ピーチピンク
② メロン
③ コーラルピンク
④ オーロラ
⑤ カーネーションピンク
⑥ フラミンゴ
⑦ ピーチピンク
⑧ スカーレット
⑨ ポピーレッド
⑩ ハニーイエロー
⑪ バナナミルク
⑫ スパークリングオレンジ
⑬ サンフラワー
⑭ ゴールデンイエロー
⑮ プリマヴェーラ
⑯ スプリンググリーン
⑰ パロットグリーン
⑱ アップルグリーン
⑲ アクアマリン
⑳ スプラッシュブルー
㉑ ターコイズブルー
㉒ フェザーグレー
㉓ クロッカス
㉔ パンジー
㉕ トワイライトブルー
㉖ ビスコッティ
㉗ キャメル
㉘ アーモンド
㉘ コーヒーブラウン
㉚ ミルキーホワイト

＼ これでもう迷わない！ ／

# メイクに使いやすい色グラデーション

スプリングタイプにおすすめのメイクカラーを紹介します。お店でコスメを試すときの参考にしてください。ファンデーションなどのベースになるものは、首の色に合わせて選びましょう。

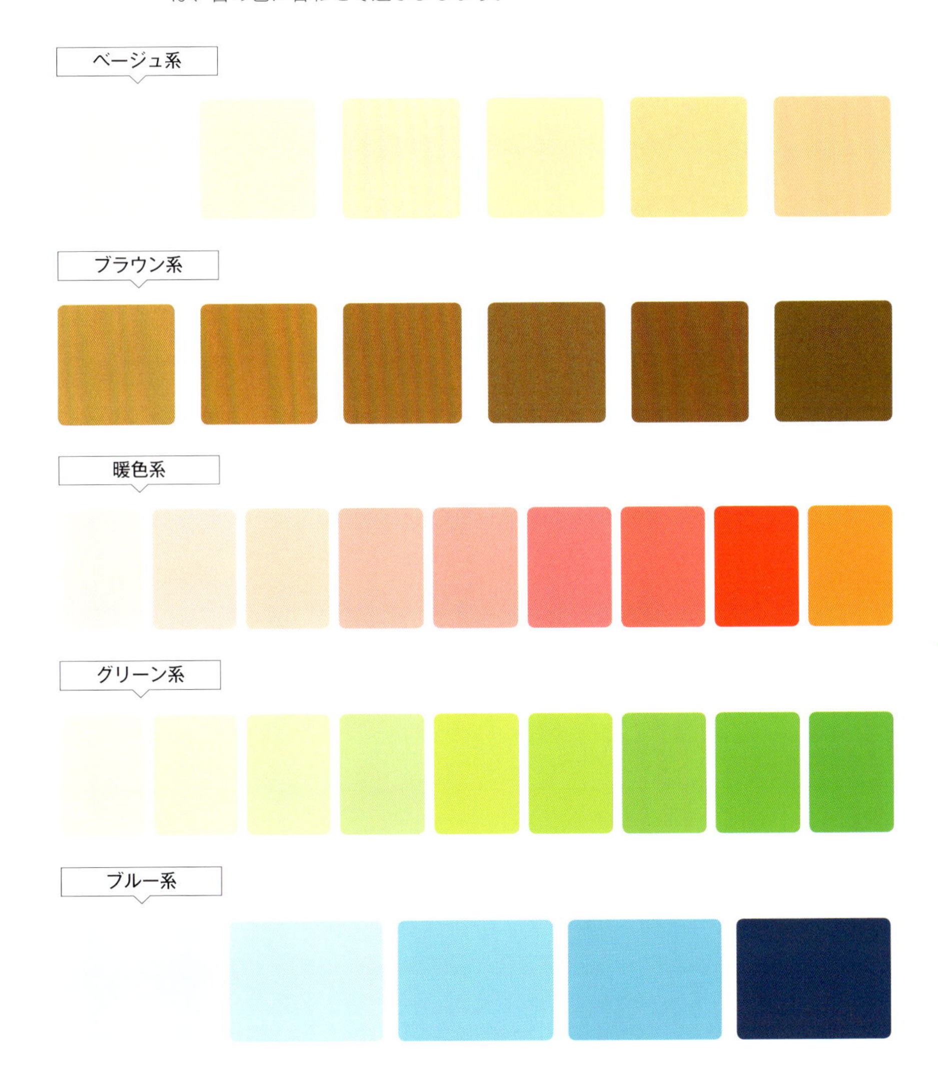

ベージュ系
ブラウン系
暖色系
グリーン系
ブルー系


PART 3 SPRING

# Eye Color

アイカラー

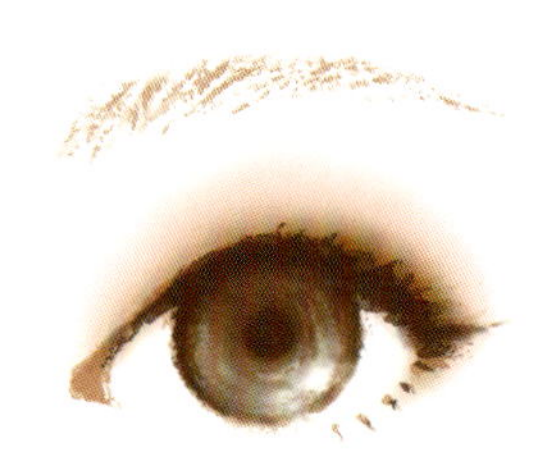

ナチュラルメイクで使いやすい色を中心にチョイスしました。

**ピンク系**

やさしい印象

上品な印象

かわいい印象

華やかな印象

**ブラウン系**

大人な印象

**ベージュ系**

上品な印象

自然な印象

大人な印象

**グリーン系**

フレッシュな印象

**ブルー系**

個性的な印象

## \ オススメはコレ！ /

**ベース色**

CANMAKE
TOKYO

華やかで上品な目元に仕上げるハニーダイヤモンド。キャンメイク ベルベッティフィットカラーズ 02 550円／井田ラボラトリーズ

Visée
AVANT

あたたかみのあるブロンズブラウン。ヴィセ アヴァン シングルアイカラー クリーミィ 103 I MISS YOU 800円（編集部調べ）／コーセー

繊細な輝きと透明感を演出するコーラルオレンジ。アイコニックルック アイシャドウS104 2200円／ジルスチュアート　ビューティ

**締め色**

華やかに彩る、やわらかな色みのベージュ。コフレドール　アイカラー BE-19 1000円（編集部調べ）／カネボウ化粧品

Visée
AVANT

肌になじむジンジャーゴールド。ヴィセ アヴァン シングルアイカラー クリーミィ 101 GINGER 800円（編集部調べ）／コーセー

ADDICTION

つややかなゴールドのライトキャメル。アディクション　ザ アイシャドウ029 Magic Flute 2000円／ADDICTION BEAUTY

ADDICTION

ゴールドパールがきらめくレッドブラウン。アディクション　ザ アイシャドウ 073 Dolc Vita 2000円／ADDICTION BEAUTY

RIMMEL
LONDON

ナチュラルなのに深みとツヤ感のあるキャメルブラウン。リンメル プリズム クリームアイカラー 004 800円／リンメル

チークカラー
# Cheek Color

チークの種類（パウダー、クリーム）は、仕上がりの好みで選びましょう（→ P.104）。

### ピンク系

大人な印象

上品な印象

落ち着いた印象

華やかな印象

自然な印象

かわいい印象

色白さんにおすすめ！

小麦肌さんにおすすめ！

## オススメはコレ！

モデル使用色

### パウダータイプ

COFFRET D'OR

肌に自然な血色感を与える健康的なオレンジ。コフレドール　カラーブラッシュ OR-22 2000円（編集部調べ）／カネボウ化粧品

ADDICTION

ノンパールなソフトな色合いのピーチピンク。アディクション ザ ブラッシ 016 Fascinated 2800円／ADDICTION BEAUTY

### クリームタイプ

MAQUillAGE

頬にハリ感と輝きを与えるコーラルピンク。チークカラー PK313 1800円（レフィル・編集部調べ）／マキアージュ

高揚感のあるレッドで、みずみずしい仕上がりに。エレガンス スリーク フェイスN RD301 3000円／エレガンス コスメティックス

ピンク系オレンジは
スプリングタイプにぴったり！
オレンジ強めは
カジュアル感がアップ

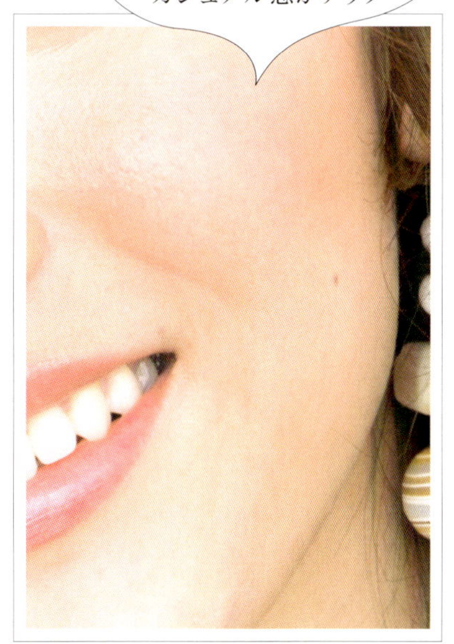

# Lip Color
リップカラー

口紅の濃淡、リップラインの有無で顔の印象が変わります（→P.124）。

**ベージュ系**

大人な印象

上品な印象

**ピンク系**

落ち着いた印象

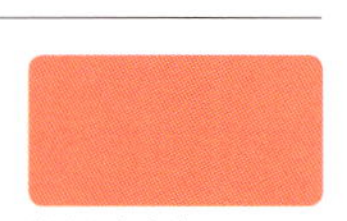

華やかな印象

**ブラウン系**

かわいい印象

**オレンジ系**

落ち着いた印象

元気な印象

**レッド**

鮮やかな印象

## オススメはコレ！

### Lip

**淡め発色**

肌になじむコーラルピンク。鮮やかな発色とうるおいが続くリップ。エスプリーク プライムティント ルージュ BE850 2300円（編集部調べ）／コーセー

澄んだピュアなオレンジでジューシー唇に。エクセル グレイズバームリップ GB04 ハニーネクター 1600円／常盤薬品工業

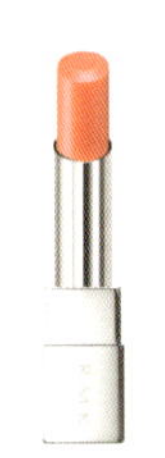

グロッシーなツヤとうるおいがあふれ出すピンクコーラル。RMK イレジスティブル　グローリップス09 3000円／ RMK Division

**濃いめ発色**

モデル
使用色

ビビットなブライトオレンジはひと塗りでしっかり発色。ヴィセ アヴァン リップスティック 009 1600円（編集部調べ）／コーセー

### Lip Line

立体的なリップに仕上がるリップライン。オレンジがかった上品なベージュがイエローベースの方にぴったり。ミネラルリップライナー 02 カシミア　2800円／MiMC

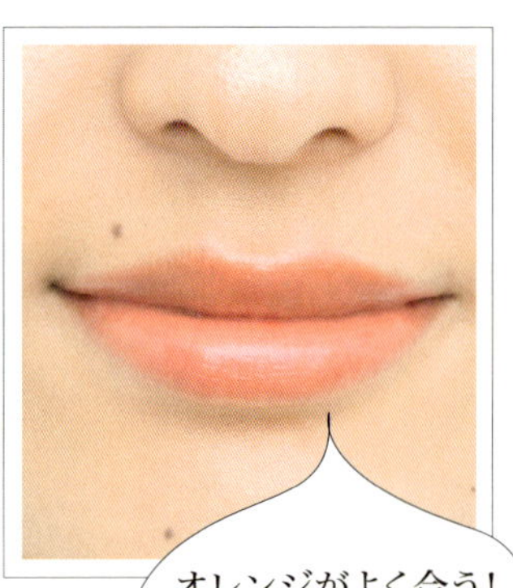
オレンジがよく合う！
ビビッドで
元気な印象に

# Nail Color
## ネイルカラー

顔まわりに使いづらい色も、
ネイルならOK！

ピンク系

上品な印象

かわいい印象

レッド

華やかな印象

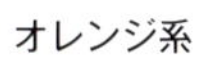

オレンジ系

元気な印象

ブルー系

個性的な印象

ブラウン系

大人な印象

# Hair Color
## ヘアカラー

自宅でカラーリングするときはもちろん、美容院でもこの色をオーダーすると便利。

ブラウン系

落ち着いた印象

自然な印象

華やかな印象

キャメル系

かわいい印象

上品な印象

フレッシュな印象

＼オススメはコレ！／
## Nail

南国に咲く花のような鮮やかなオレンジ。エレガンス クルーズ フローリック ネイルラッカー OR02 1500円／エレガンス コスメティックス

パール感のある上品なピンクベージュ。マヴァラ ネイルカラー 34 ニコシア 700円／ピー・エス・インターナショナル

NAIL HOLIC

透明感のあるピーチ系オレンジ。パールのような仕上がりに。ネイルホリック OR206 300円(編集部調べ)／コーセーコスメニエンス

NAIL HOLIC

明るい発色のポップなレッドで、指先から元気になれる。ネイルホリックOR201 300円(編集部調べ)／コーセーコスメニエンス

＼オススメはコレ！／
## Hair

泡立てネットでかんたんカラー
Palty 泡のヘアカラー

マットでやさしい雰囲気のアッシュ系カラー。パルティ 泡のヘアカラー フレンチグレージュ(医薬部外品) オープン価格/ダリヤ

泡立てネットでかんたんカラー
Palty 泡のヘアカラー

ふんわり自然な透明感のあるベージュ。パルティ 泡のヘアカラー クラシックベージュ(医薬部外品) オープン価格/ダリヤ

Liese
泡カラー

ナチュラルブラウンの中でもベーシックなブラウンの仕上がりに。リーゼ 泡カラー マシュマロブラウン(医薬部外品) オープン価格／花王

Liese
泡カラー

リラックス気分にぴったりの抜け感のあるベージュ。リーゼ 泡カラー カリフォルニアベージュ(医薬部外品) オープン価格／花王

# Summer TYPE

サマータイプ

## 涼しげでやわらかい色がお似合い

夏のイメージのさわやかで涼しげな色、
やわらかい色がよく似合います。

## サマータイプの似合う色

① ベビーピンク
② ピンクレディ
③ オペラピンク
④ スイートピー
⑤ オールドローズ
⑥ ストロベリー
⑦ フランボワーゼ
⑧ ペール ライラック
⑨ ウィステリア ミスト
⑩ ラベンダー
⑪ ラベンダー ブルー
⑫ マロー
⑬ オーキッド パープル
⑭ ベビーブルー
⑮ スカイブルー
⑯ ブルーリボン
⑰ ブルー ロイヤル
⑱ インディゴ
⑲ ペパーミント グリーン
⑳ ピーコック グリーン
㉑ ターコイズ グリーン
㉒ シトラス イエロー
㉓ シャンパン
㉔ ローズブラウン
㉕ ココア
㉖ グレーミスト
㉗ スカイグレー
㉘ ムーンストーン
㉘ ダークブルー シャドウ
㉚ マシュマロ

\ これでもう迷わない！ /

# メイクに使いやすい色グラデーション

サマータイプにおすすめのメイクカラーを紹介します。お店でコスメを試すときの参考にしてください。ファンデーションなどのベースになるものは、首の色に合わせて選びましょう。

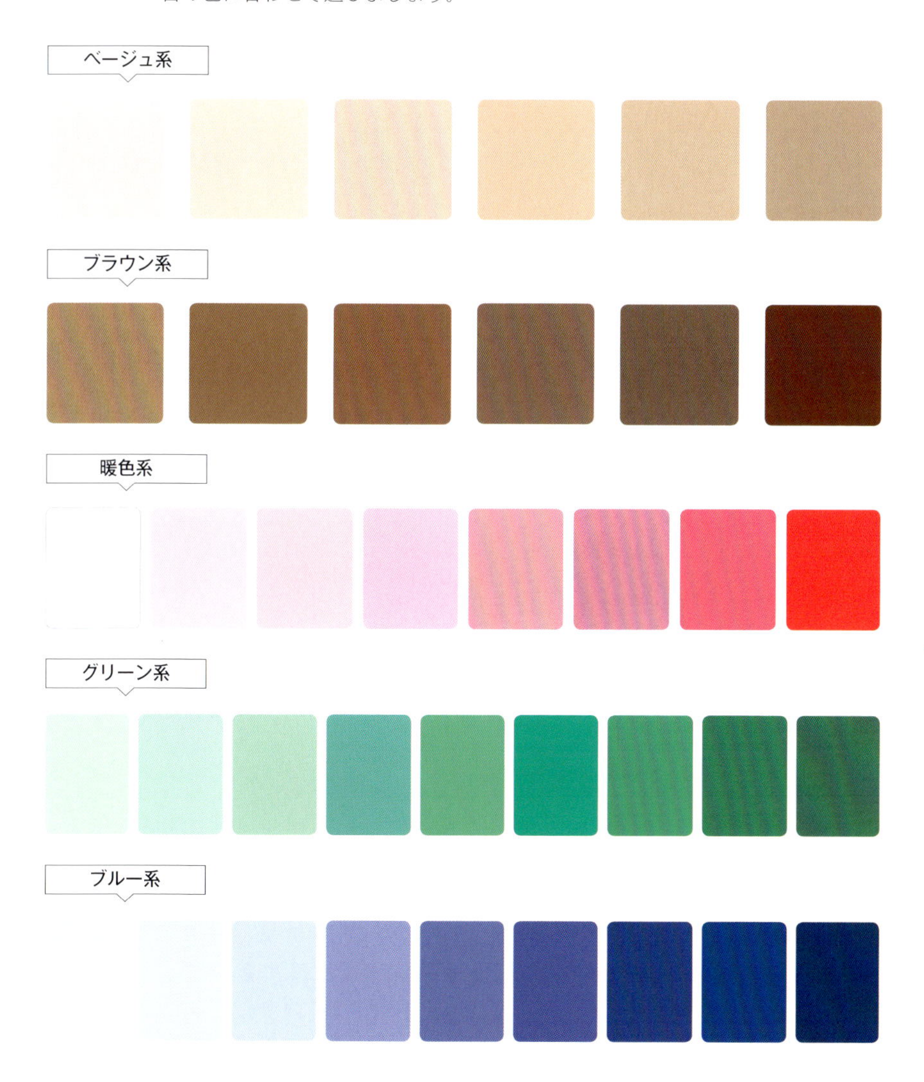

ベージュ系
ブラウン系
暖色系
グリーン系
ブルー系

# アイカラー Eye Color

ナチュラルメイクで使いやすい色を中心にチョイスしました。

**ピンク系**

上品な印象 / やさしい印象 / かわいい印象

**ベージュ系**

華やかな印象 / 大人な印象

**ブラウン系**

上品な印象 / 自然な印象 / 大人な印象 / 華やかな印象

**ブルー系**

クールな印象

## \ オススメはコレ！ /

### ベース色

MAQUILLAGE

目元に輝きを与えるローズ系ゴールド。アイカラーN（パウダー）RD734 800円（レフィル・編集部調べ）／マキアージュ

MAQUILLAGE

クリアな彩りで上品なパウダーピンク。アイカラーN（パウダー）RD324 800円（レフィル・編集部調べ）／マキアージュ

ADDICTION

目元に艶めきを与えるニュートラルパールベージュ。アディクション　ザ アイシャドウ019 9 1/2 2000円／ADDICTION BEAUTY

Visée
AVANT

粉雪のように輝くパールホワイト。ヴィセ アヴァン シングルアイカラー クリーミィ 107 SNOWFLAKE 800円（編集部調べ）／コーセー

### 締め色

Visée
AVANT

光沢のあるベロアのようなレッド。ヴィセ アヴァン シングルアイカラー021 CLASSICAL LADY 800円（編集部調べ）／コーセー

Visée
AVANT

深みのある大人っぽいレディッシュブラウン。ヴィセ アヴァン シングルアイカラー 018 NEO ANTIQUE 800円（編集部調べ）／コーセー

JILLSTUART

しっかり発色する、赤みの強いボルドー。アイコニックルック アイシャドウS110 2200円／ジルスチュアート　ビューティ

紺碧の海を思わせる輝くブルーグリーン。エレガンス クルーズ アイカラー プレイフルGR02 1800円／エレガンス コスメティックス

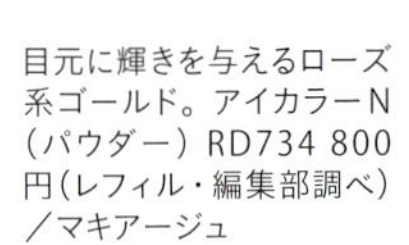

チークカラー
# Cheek Color

チークの種類（パウダー、クリーム）は、仕上がりの好みで選びましょう（→P.104）。

### ピンク系

落ち着いた印象

上品な印象

元気な印象

かわいい印象

大人な印象

華やかな印象

色白さんにおすすめ！

小麦肌さんにおすすめ！

## オススメはコレ！

モデル使用色

### パウダータイプ

パール感と青みがある、上品なピンクローズ。パーフェクトリー ナチュラル ブラッシュ 349 1600円／レブロン

ADDICTION

マットに仕上げる、青みのあるローズ。アディクション　ザ ブラッシュ 023 Chelea Rose 2800円／ADDICTION BEAUTY

### クリームタイプ

L'OREAL
LUCENT
MAGIQUE

ツヤ感の強いスウィートコーラルで、上品な血色を。ルーセントマジック パウダーブラッシュB2 1200円（編集部調べ）／ロレアル パリ

Visée

華やかさをさりげなく演出するチェリーレッド。ヴィセ リシェ リップ＆チーククリーム N PK-4 1000円（編集部調べ）／コーセー

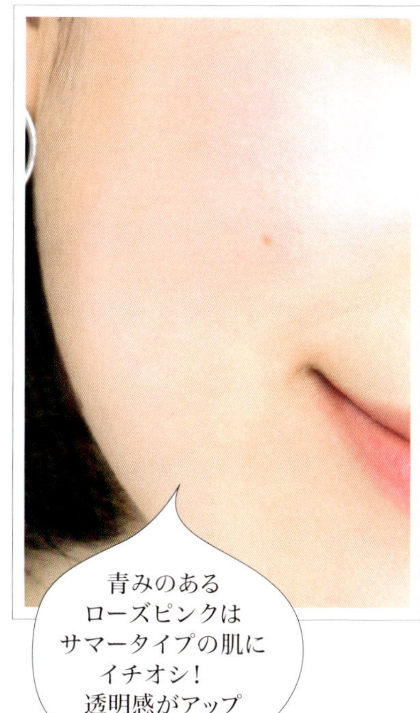

青みのある
ローズピンクは
サマータイプの肌に
イチオシ！
透明感がアップ

# Lip Color
リップカラー

口紅の濃淡、リップラインの有無で顔の印象が変わります（→P.124）。

**ベージュ系**

大人な印象

上品な印象

**ピンク系**

華やかな印象

落ち着いた印象

**ブラウン系**

大人っぽい印象

**レッド系**

華やかな印象

元気な印象

鮮やかな印象

## \ オススメはコレ！ /

## Lip

**淡め発色**

艶やかな印象に導く大人のローズ。エルシア プラチナム 顔色アップ ラスティングルージュ RO632 760円（編集部調べ）／コーセー

深みのあるレッドで、セクシーな唇に。ケイト ディメンショナルルージュ RD-2 1200円（編集部調べ）／カネボウ化粧品

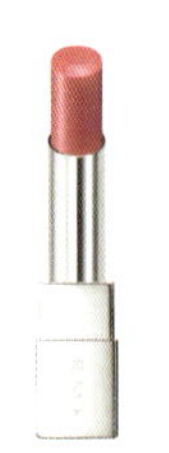

ツヤのある青みのあるミックスベリーローズ。上品な印象に。RMK イレジスティブル グローリップス 12 3000円／ RMK Division

**濃いめ発色**

モデル
使用色

肌なじみのよいメルティレッド。エスプリーク プライムティントルージュ RD450 2300円（編集部調べ）／コーセー

## Lip Line

上品なピンクベージュがブルーベースの肌によくなじみます。ディグニファイド リップライナーペンシル 04コリンスピンク 2800円／セルヴォーク

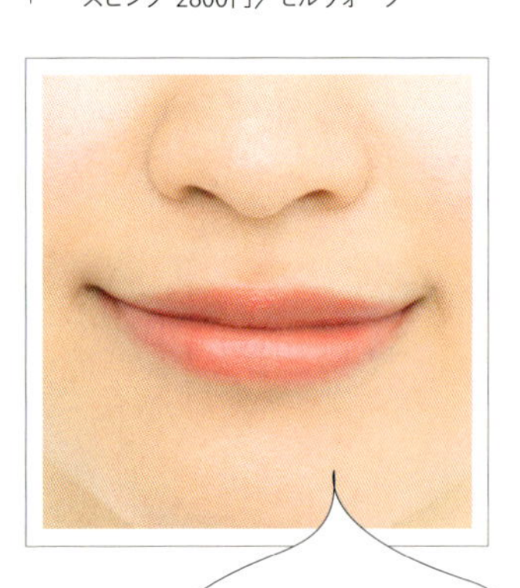

ピンク系のレッドが
サマータイプに
かわいらしくマッチ！

# Nail Color
## ネイルカラー

顔まわりに使いづらい色も、
ネイルならOK！

ピンク系

上品な印象

かわいい印象

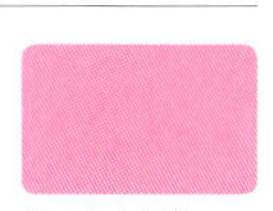

華やかな印象

レッド

華やかな印象

ブルー系

個性的な印象

ブラウン系

大人な印象

# Hair Color
## ヘアカラー

自宅でカラーリングするときは
もちろん、美容院でもこの色を
オーダーすると便利。

ブラウン系

落ち着いた印象

自然な印象

知的な印象

ピンク系

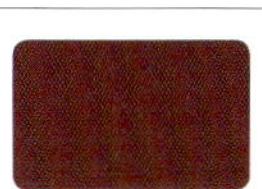

かわいい印象

華やかな印象

個性的な印象

## \ オススメはコレ！ /
## Nail

NAIL HOLIC

フローズンシュガーのようなきらめきのスカイブルー。ネイルホリック フローズンシュガー BL961 360円（編集部調べ）／コーセーコスメニエンス

NAIL HOLIC

ミルキーでかわいらしさ全開のベビーピンク。ソフトな印象に。ネイルホリック PK822 300円（編集部調べ）／コーセーコスメニエンス

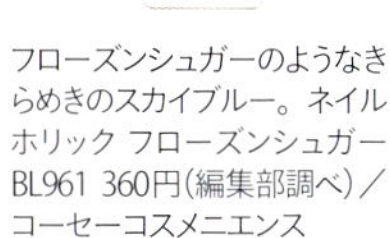

367
FEMININE
MAVALA

シャイニーで大人の雰囲気のパウダーピンク。マヴァラ ネイルカラー 367 フェミニン 700円／ピー・エス・インターナショナル

華やかな印象を与えるルビーレッド。エレガンス クルーズ フローリック ネイルラッカー RD03 1500円／エレガンス コスメティックス

## \ オススメはコレ！ /
## Hair

泡立てネットでかんたんカラー
Palty
泡のヘアカラー

ウォーム系の大人ブラウンで、しっとりとした印象に。パルティ 泡のヘアカラー ショコラブラウン（医薬部外品） オープン価格／ダリヤ

クールなツヤ感のピンク系ブラウン。パルティ 泡のヘアカラー クールラズベリー（医薬部外品） オープン価格／ダリヤ

Liese
泡カラー

ほんのり赤みのあるブラウンで、華やかさに。リーゼ 泡カラー バーガンディブラウン（医薬部外品） オープン価格／花王

Beautylabo
ホイップ

奥深いツヤのあるダークブラウン。ビューティラボ ホイップヘアカラー アンティークショコラ（医薬部外品） オープン価格／ホーユー

# Autumn TYPE

オータムタイプ

## 深みのある
## こっくりした色が似合う

秋のようなこっくりした、深みのある色が
よく似合います。

## オータムタイプの似合う色

① アプリコット
② サーモンピンク
③ カーディナル
④ カッパーレッド
⑤ アゲット
⑥ スイートコーン
⑦ サフラン イエロー
⑧ ゴールド
⑨ パンプキン
⑩ ダスティー オレンジ
⑪ パプリカ
⑫ スパイシー オレンジ
⑬ グリーン マスカット
⑭ ジェイド グリーン
⑮ サバンナ
⑯ オリーブ グリーン
⑰ モスグリーン
⑱ ジャングル グリーン
⑲ ナイルブルー
⑳ ティールブルー
㉑ ブルーブラック
㉒ プラム
㉓ クロワッサン
㉔ ブラウン シュガー
㉕ マロン
㉖ カフェモカ
㉗ ビター チョコレート
㉘ モスグレー
㉘ アッシュグレー
㉚ バニラホワイト

＼ これでもう迷わない！ ／

# メイクに使いやすい色グラデーション

オータムタイプにおすすめのメイクカラーを紹介します。お店でコスメを試すときの参考にしてください。ファンデーションなどのベースになるものは、首の色に合わせて選びましょう。

ベージュ系
ブラウン系
暖色系
グリーン系
ブルー系

# Eye Color アイカラー

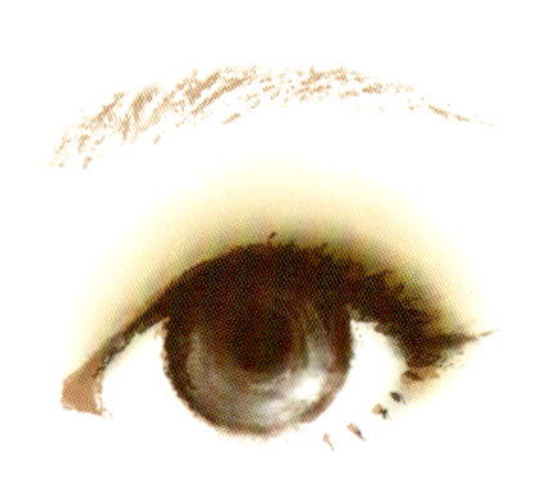

ナチュラルメイクで使いやすい色を中心に
チョイスしました。

**ピンク系**

やさしい印象

上品な印象

かわいい印象

華やかな印象

**ブラウン系**

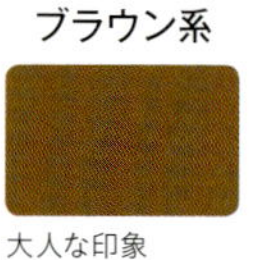
大人な印象

**ベージュ系**

知的な印象

自然な印象

大人な印象

**グリーン系**

個性的な印象

モードな印象

## オススメはコレ！

### ベース色

クールな印象のゴールド。アイカラーN（パウダー）BR735 800円（レフィル・編集部調べ）／マキアージュ

RIMMEL
LONDON

大粒パールタイプでまばゆいほどに輝くシカーキグリーン。プリズム クリームアイカラー 007 800円／リンメル

ADDICTION

ヴェールをかけたようなゴールドベージュ。アディクション ザ アイシャドウ025 Christmas Love 2000円／ADDICTION BEAUTY

excel

ジュエリー級の輝きが美しいブロンズゴールド。エクセル シャイニーシャドウ N SI01 ブロンズゴールド 1000円／常盤薬品工業

### 締め色

ゴールドのようなジンジャーカラーで温かみのある目元に。マジョリカ マジョルカ シャドーカスタマイズ BR665 500円／資生堂

CANMAKE
TOKYO
Velvety Fit
Colors

チョコレートティラミスカラーが立体感のある目元を演出。キャンメイク ベルベッティフィットカラーズ 01 550円／井田ラボラトリーズ

Visée
AVANT

マットなパプリカオレンジで温かみのある印象に。ヴィセ アヴァン シングルアイカラー029 PAPRIKA 800円（編集部調べ）／コーセー

excel

深みのあるブラウンが立体感のある目元を演出。エクセル ディープシャドウ MS02コパーブラウン 1000円／常盤薬品工業

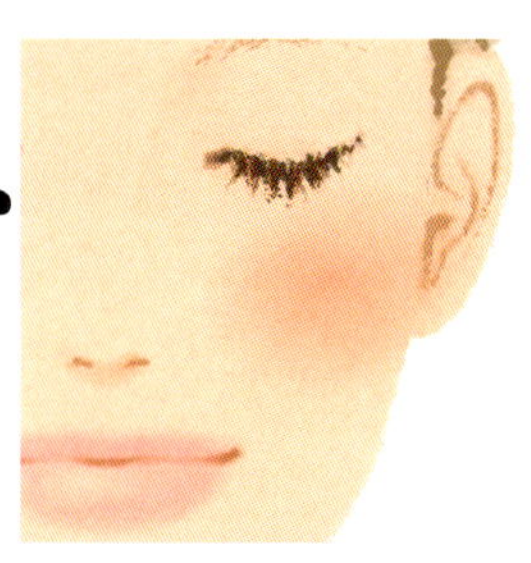

チークカラー
# Cheek Color

チークの種類（パウダー、クリーム）は、仕上がりの好みで選びましょう（→ P.104）。

**オレンジ系**

大人な印象

上品な印象

落ち着いた印象

フレッシュな印象

大人な印象

華やかな印象

色白さんにおすすめ！

小麦肌さんにおすすめ！

## オススメはコレ！

モデル使用色

**パウダータイプ**

L'ORÉAL
LUCENT
MAGIQUE

大人かわいさを表現するピーチ系のアーシーコーラル。ルーセントマジック パウダーブラッシュ C4 1200円（編集部調べ）／ロレアル パリ

テラコッタ調で、深みのあるリッチなビターオレンジ。ゴージャス感が出ます。マット パウダー ブラッシュ 106 1600円／レブロン

**クリームタイプ**

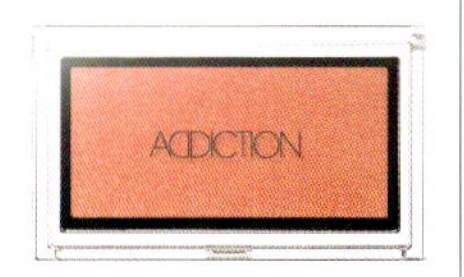
ADDICTION

繊細なゴールドパールが煌めくコーラルオレンジ。アディクション　ザ ブラッシュ 019 Emotional 2800円／ADDICTION BEAUTY

赤みがかかったサニーオレンジが華やかな印象に。ヴィセ リシェ リップ&チーククリーム N OR-7 1000円（編集部調べ）／コーセー

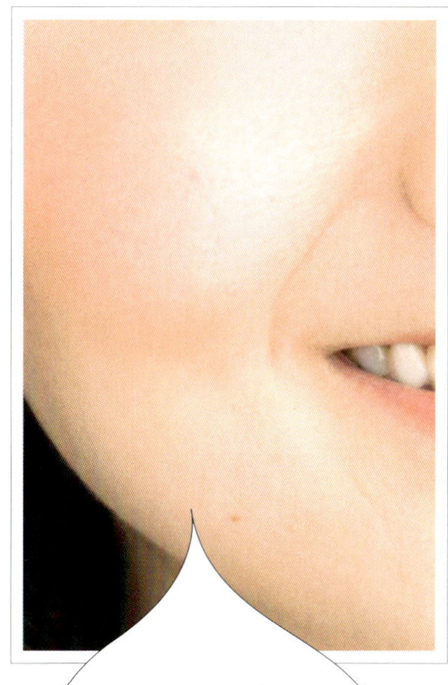

オータムタイプにはオレンジがぴったり。中でも透明感のある淡めのピーチ系はかわいさを演出！

# Lip Color
リップカラー

口紅の濃淡、リップラインの有無で顔の印象が変わります（→ P.124）。

**ベージュ系**

大人な印象

かわいい印象

**ピンク系**

華やかな印象

落ち着いた印象

**ブラウン系**

大人な印象

**オレンジ系**

華やかな印象

大人っぽい印象

**レッド**

鮮やかな印象

## ＼オススメはコレ！／

## Lip

### 淡め発色

モデル使用色

肌なじみがよく、上品な印象に仕上がるイエロー系のベージュ。シャインオン 906 2000円（編集部調べ）／ロレアル パリ

やさしいレッドがエレガントな印象をかもし出す。オーブ なめらか質感ひと塗りルージュ BE47 3200円／花王

### 濃いめ発色

ニュートラルな印象のヘルシーベージュ。ヴィセ アヴァン リップスティック 025 TRADITION 1600円（編集部調べ）／コーセー

レンガのようなブラウニッシュレッド。ヴィセ アヴァン リップスティック 006 RED BRICK 1600円（編集部調べ）／コーセー

## Lip Line

立体的なリップに仕上がるリップライン。オレンジがかった上品なベージュがイエローベースの方にぴったり。ミネラルリップライナー 02 カシミア 2800円／MiMC

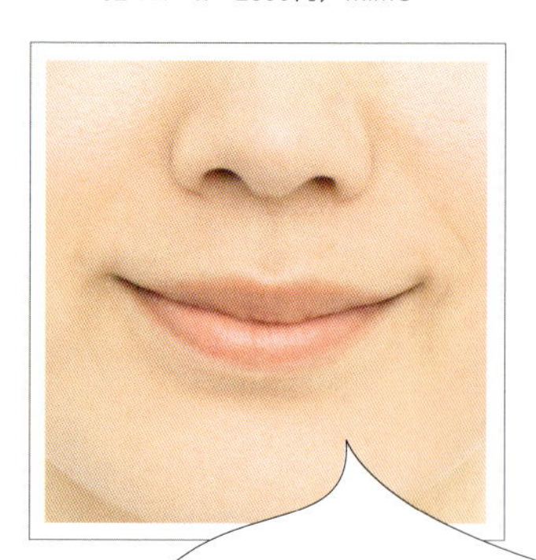

黄色みのあるベージュはオータムを上品に仕上げる

# Nail Color
## ネイルカラー

顔まわりに使いづらい色も、
ネイルならOK！

### ピンク系

上品な印象

かわいい印象

### オレンジ系

華やかな印象

### イエロー系

個性的な印象

### グリーン系

個性的な印象

### ブラウン系

大人な印象

# Hair Color
## ヘアカラー

自宅でカラーリングするときは
もちろん、美容院でもこの色を
オーダーすると便利。

### ブラウン系

落ち着いた印象

自然な印象

知的な印象

### キャメル系

かわいい印象

上品な印象

個性的な印象

## ＼オススメはコレ！／
# Nail

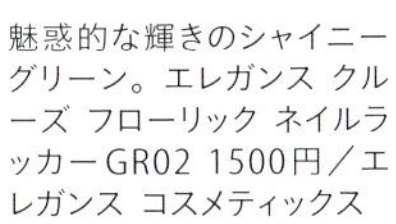

魅惑的な輝きのシャイニーグリーン。エレガンス クルーズ フローリック ネイルラッカーGR02 1500円／エレガンス コスメティックス

グリッターもベージュ系だと上品。エレガンス クルーズ フローリック ネイルラッカー104 1500円／エレガンス コスメティックス

370
ELEGANCE
MAVALA

落ち着いたトーンのゴールド感のあるベージュ。マヴァラ ネイルカラー370 エレガンス 700円／ピー・エス・インターナショナル

NAIL HOLIC

鮮やかで、スモーキーなオレンジが、スパイシーな印象を作る。ネイルホリック OR207 300円(編集部調べ)／コーセーコスメニエンス

## ＼オススメはコレ！／
# Hair

Liese
泡カラー

暗めのウォーム系ブラウン。落ち着いた雰囲気に。リーゼ 泡カラー ブリティシュアッシュ(医薬部外品) オープン価格／花王

Liese
泡カラー

ツヤ感あふれる、上品なダークブラウン。リーゼ 泡カラー ロイヤルブラウン(医薬部外品) オープン価格／花王

hoyu
Beautylabo
泡
ホイップ
ヘアカラー

明るめトーンだから、アッシュ系でも重くならない。ビューティラボ ホイップヘアカラー ミスティアッシュ(医薬部外品) オープン価格／ホーユー

hoyu
Beautylabo
泡
ホイップ
ヘアカラー

シックで上品な深みのあるアッシュ系。ビューティラボ ホイップヘアカラー クラシックアッシュ(医薬部外品) オープン価格／ホーユー

# Winter TYPE ウィンタータイプ

## はっきりとした メリハリのある色が似合う

ビビッドで、きりりとした
冷たさのある色がよく似合います。

## ウィンタータイプの似合う色

① パールピンク
② オーキッド
③ カメリアピンク
④ チェリーピンク
⑤ フューシャ
⑥ マグノリア
⑦ インペリアルレッド
⑧ ワインレッド
⑨ グレープワイン
⑩ クリスタルバイオレット
⑪ バイオレット
⑫ ロイヤルパープル
⑬ モーニングミスト
⑭ パシフィックブルー
⑮ ブリリアントブルー
⑯ オリエンタルブルー
⑰ ラピスラズリ
⑱ ミッドナイトブルー
⑲ クリスタルグリーン
⑳ マラカイト
㉑ ビリヤードグリーン
㉒ ブリティッシュグリーン
㉓ ムーンライト
㉔ カナリーイエロー
㉕ クリスタルベージュ
㉖ バーガンディ
㉗ シルバーグレー
㉘ チャコールグレー
㉘ ミステリアスブラック
㉚ スノーホワイト

＼ これでもう迷わない！ ／

# メイクに使いやすい色グラデーション

ウインタータイプにおすすめのメイクカラーを紹介します。お店でコスメを試すときの参考にしてください。ファンデーションなどのベースになるものは、首の色に合わせて選びましょう。

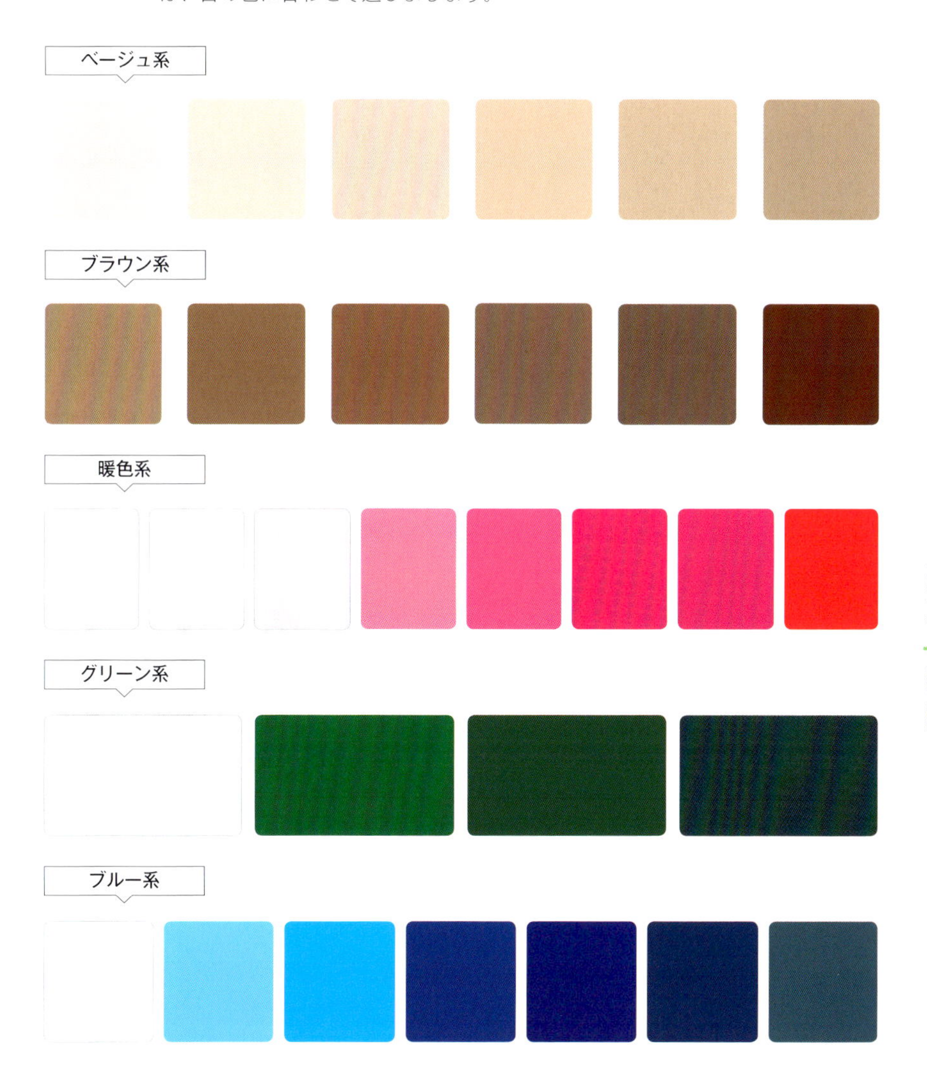
ベージュ系
ブラウン系
暖色系
グリーン系
ブルー系

# Eye Color アイカラー

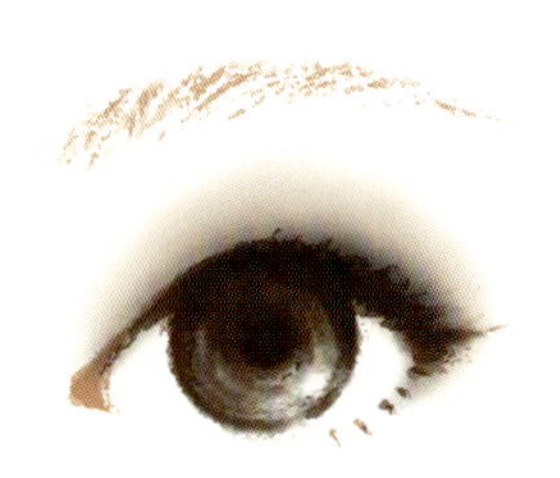

ナチュラルメイクで使いやすい色を中心にチョイスしました。

### ピンク系

やさしい印象

上品な印象

かわいい印象

### ベージュ系

知的な印象

大人な印象

### ブラウン系

上品な印象

### グリーン系

クール印象

### ブルー系

大人な印象

クールな印象

### グレー系

クールな印象

## \ オススメはコレ！ /

### ベース色

Visée
AVANT
青みの強いグレーでクールな印象に。ヴィセ アヴァン シングルアイカラー 015 UNDER THE MOON 800円（編集部調べ）／コーセー

目元を強調する輝きのあるチョコレート。 アイカラー N（パウダー）BR736 800円（レフィル・編集部調べ）／マキアージュ

### 締め色

RIMMEL
LONDON
優しい色みのベージュグレーで、上品で洗練された印象に。プリズム パウダーアイカラー 009 800円／リンメル

Visée
AVANT
ボルドーが青み肌を華やかに仕上げる。ヴィセ アヴァン シングルアイカラー クリーミィ 106 GARNET 800円（編集部調べ）／コーセー

excel
赤みのあるブラウンが目元を美しく見せる。エクセル ディープシャドウ MS03 フューシャブラウン 1000円／常盤薬品工業

ADDICTION
大粒パールがシアーに煌めくアンティークグレー。アディクション ザ アイシャドウ051 Meeting at Dome 2000円／ADDICTION BEAUTY

ADDICTION
深みのあるパープルで上品さを演出。アディクション ザ アイシャドウ042 Arbian Ruby 2000円／ADDICTION BEAUTY

艶やかな印象のネイビーブルー。エレガンス クルーズアイカラープレイフル NV02 1800円／エレガンス コスメティックス

# チークカラー Cheek Color

チークの種類（パウダー、クリーム）は、仕上がりの好みで選びましょう（→P.104）。

## ピンク系

知的な印象

上品な印象

若々しい印象

華やかな印象

大人な印象

華やかな印象

色白さんにおすすめ！

小麦肌さんにおすすめ！

## オススメはコレ！

モデル使用色

### パウダータイプ

MAQuillAGE

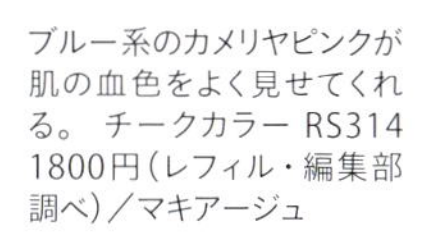

ブルー系のカメリヤピンクが肌の血色をよく見せてくれる。 チークカラー RS314 1800円（レフィル・編集部調べ）／マキアージュ

ADDICTION

ゴールドパールが繊細に輝くベージュ。アディクション ザ ブラッシュ 024 Rose Bar 2800円／ADDICTION BEAUTY

L'ORÉAL
LUCENT
MAGIQUE

かわいいチェリーカラーで、洗練された印象に。ルーセントマジック パウダーブラッシュP8 1200円（編集部調べ）／ロレアル パリ

### クリームタイプ

フューシャピンクがシャープさをやわらげてくれる。エレガンス スリーク フェイスN PK102 3000円／エレガンス コスメティックス

ピンクがよく似合うウインタータイプ。ウインターの白肌を青みピンクがよりクリアな印象に

# Lip Color リップカラー

口紅の濃淡、リップラインの有無で顔の印象が変わります（→P.124）。

**ベージュ系**

大人な印象

上品な印象

**ピンク系**

華やかな印象

落ち着いた印象

**ブラウン系**

大人っぽい印象

**オレンジ系**

華やかな印象

元気な印象

**レッド**

鮮やかな印象

## ＼オススメはコレ！／

### Lip

**淡め発色**

モデル
使用色

深みのあるローズが大人の表情に。エルシア プラチナム 顔色アップ エッセンスルージュ RO683 760円（編集部調べ）／コーセー

青みがかかった鮮やかなヌードローズ。華やかな印象に。RMK イレジスティブル グローリップスEX-09 3000円／RMK Division

**濃いめ発色**

深みのあるビビッドなレッドが肌の色に映えます。ドラマティックな印象に。リップスティック デュボネ 3000円／M・A・C

REVLON

鮮やかなピンク系レッドのラブザット ピンク。唇に映えます。スーパーラストラス リップスティック 106 1200円／レブロン

### Lip Line

上品なピンクベージュがブルーベースの肌によくなじみます。ディグニファイド リップライナーペンシル 04コリンスピンク　2800円／セルヴォーク

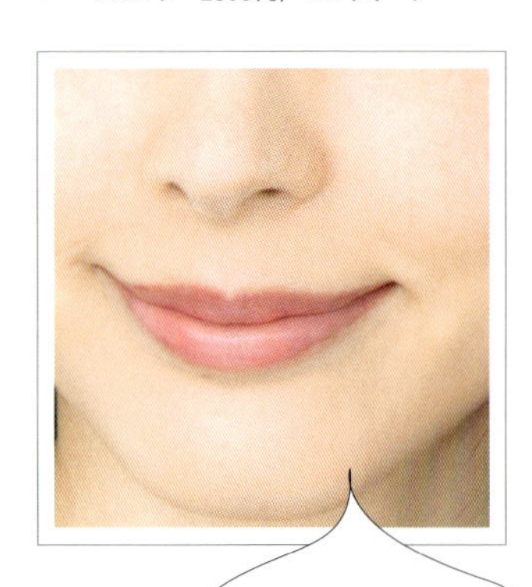

深いローズピンクが洗練された印象を引き出す

# Nail Color
## ネイルカラー

顔まわりに使いづらい色も、
ネイルならOK！

| ベージュ系 | ピンク系 | レッド |
| --- | --- | --- |
| |  |  |
| 上品な印象 | かわいい印象 | 華やかな印象 |

| グリーン系 | ブルー系 | ブラウン系 |
| --- | --- | --- |
|  |  |  |
| 元気な印象 | 個性的な印象 | 大人な印象 |

# Hair Color
## ヘアカラー

自宅でカラーリングするときはもちろん、美容院でもこの色をオーダーすると便利。

**ブラック系**

| | | |
| --- | --- | --- |
|  |  |  |
| 落ち着いた印象 | 自然な印象 | 個性的な印象 |

**レッド系**

| | | |
| --- | --- | --- |
| |  | 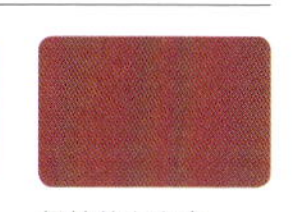 |
| かわいい印象 | 華やかな印象 | 個性的な印象 |

＼オススメはコレ！／
## Nail

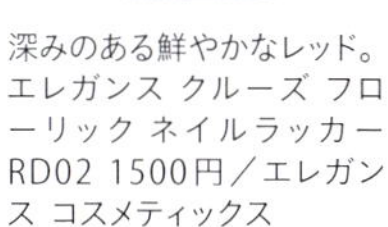

深みのある鮮やかなレッド。エレガンス クルーズ フローリック ネイルラッカー RD02 1500円／エレガンス コスメティックス

深い海のマリンブルーで華やかに。エレガンス クルーズ フローリック ネイルラッカーNV02 1500円／エレガンス コスメティックス

ビビッドなピンクがキュート。手元を若々しく見せてくれる。ネイルホリック PK800 300円（編集部調べ）／コーセーコスメニエンス

深い闇のナイトブルーが華やかさと知的クールな手元を演出。ネイル エナメル 490　700円／レブロン

＼オススメはコレ！／
## Hair

春のような明るめピンクで華やかに。ビューティラボ ホイップヘアカラー さくらピンク（医薬部外品）オープン価格／ホーユー

落ち着きのあるピンク。ビューティラボ ホイップヘアカラー アンティークピンク（医薬部外品）オープン価格／ホーユー

Liese
泡カラー

気品あふれる、やや明るめのディープブラウン。リーゼ 泡カラー ロイヤルショコラ（医薬部外品）オープン価格／花王

泡立てネットでかんたんカラー
Palty 泡のヘアカラー

自然なツヤ感を演出する、キレイめピンクブラウン。パルティ 泡のヘアカラー ブライトローズ（医薬部外品）オープン価格／ダリヤ

パーソナルカラー別

# 似合う色の違い

ベージュ系
Spring
オレンジ系
ベージュ
Summer
ソフトなピンク
ベージュ
Autumn
黄色みの強い
ベージュ
Winter
クールな
ピンクベージュ
ピンク系１
Spring
黄みのある
ソフトなピンク
Summer
青みのソフトな
ピンク
Autumn
黄色みの強い
ベージュ
Winter
青みのシャープな
ピンク
ピンク系２
Spring
黄みのある
明るいピンク
Summer
青みの明るい
ピンク
Autumn
黄みの強い
深みピンク
Winter
青みの鮮やかな
ピンク

ひとくちで「ピンク」といっても、それぞれ微妙に色味が違います。
自分に似合う色を見極められるようになりましょう。

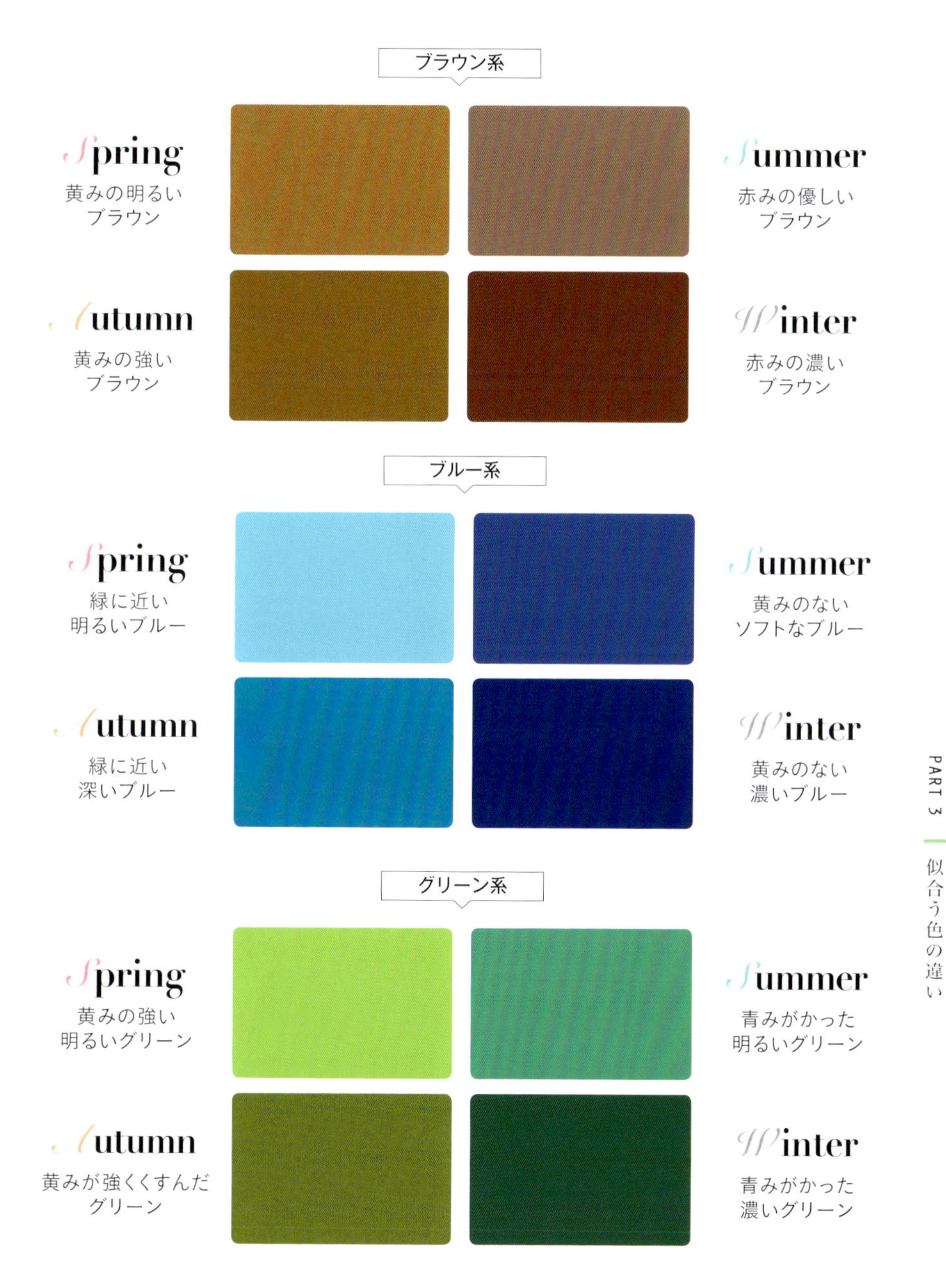
ブラウン系
Spring
黄みの明るい
ブラウン
Summer
赤みの優しい
ブラウン
Autumn
黄みの強い
ブラウン
Winter
赤みの濃い
ブラウン
ブルー系
Spring
緑に近い
明るいブルー
Summer
黄みのない
ソフトなブルー
Autumn
緑に近い
深いブルー
Winter
黄みのない
濃いブルー
グリーン系
Spring
黄みの強い
明るいグリーン
Summer
青みがかった
明るいグリーン
Autumn
黄みが強くくすんだ
グリーン
Winter
青みがかった
濃いグリーン

メイクと合わせて似合うファッションも攻略！

# 骨格診断

骨格診断では、持って生まれた体の「質感」、「ラインの特徴」から、自分自身の体型を最もきれいに見せるデザインと素材を知ることができます。診断結果は「ストレート」、「ウェーブ」、「ナチュラル」の３タイプに分類されます。太っている、やせている、年齢、身長などは関係ありません。「骨格診断」で似合うファッション、ヘアの長さがわかれば、メイクと合わせてさらに楽しめます！

## ＼３つの骨格タイプ／

### Straight ストレート

厚みのある

**メリハリボディ**

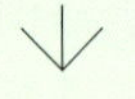

似合うのは…

すっきりシンプルな
ファッション

体に厚みがあるので、ベーシックでシンプルなデザインが得意。素材はハリのある上質なものが似合います。

### Wave ウェーブ

華奢な

**カーヴィーボディ**

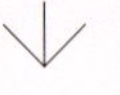

似合うのは…

華やか・ソフトな
ファッション

体に厚みがないので、装飾のあるデザインが得意です。素材はうすくやわらかい質感のものが似合います。

### Natural ナチュラル

骨、関節がしっかりした

**スタイリッシュボディ**

似合うのは…

ゆったり、カジュアルな
ファッション

フレームがしっかりした体。ラフでカジュアルなデザインが得意です。素材はざっくりした質感が似合います。

SELF CHECK

# 骨格診断

次の8つの質問に答えて、あなたの骨格タイプを診断してください。

## Q1 手の特徴は？

- □ 身長や体の大きさの割に小さく、関節や骨も小さい …… a
- □ 身長や体の大きさとバランスのとれた大きさ …… b
- □ 身長や体の大きさの割に大きく、関節や骨も大きい …… c

## Q2 手首の特徴は？

- □ 細く、断面にすると丸に近い …… a
- □ 幅が広くてうすく、断面にすると平べったい形 …… b
- □ 骨がしっかりしている …… c

## Q3 手の平、甲の特徴は？

- □ 手の平は厚みがある …… a
- □ 手の平はうすい …… b
- □ 厚みよりも、手の甲の筋っぽさが目立つ …… c

## Q4 首の特徴は？

- □ どちらかというと短い …… a
- □ どちらかというと長い …… b
- □ 太くて、筋が目立つ …… c

## Q5 鎖骨の特徴は？

- □ ほとんど見えないくらい小さい …… a
- □ 細めの鎖骨が見える …… b
- □ 太くて、筋が目立つ …… c

## Q6 太もも、ひざ下の特徴は？

- □ 太ももは太く、ひざ下は細い。すねはまっすぐ …… a
- □ 太ももは細く、ひざ下は太い。すねは外側に湾曲しやすい …… b
- □ 太ももは肉感的ではなく、すねやひざの骨が太い …… c

## Q7 体の全体の印象は？

- □ 厚みがあり、肉感的 …… a
- □ うすく、メリハリに欠ける …… b
- □ 骨がしっかりしていて、肉感的ではない …… c

## Q8 似合わない洋服は？

- □ やわらかい素材の服だと着太りする …… a
- □ スポーティな服だとやぼったく見える …… b
- □ ぴたっとしたアイテムだとたくましく見える …… c

**診断結果**

a、b、cのうち、もっとも多くあてはまったのが、あなたのタイプです。

a…Straight →P.166　b…Wave →P.168　c…Natural →P.170

☆診断に迷ったときは、166ページからの各タイプの特徴も参考に判断しましょう。

ストレート
# Straight 体の特徴

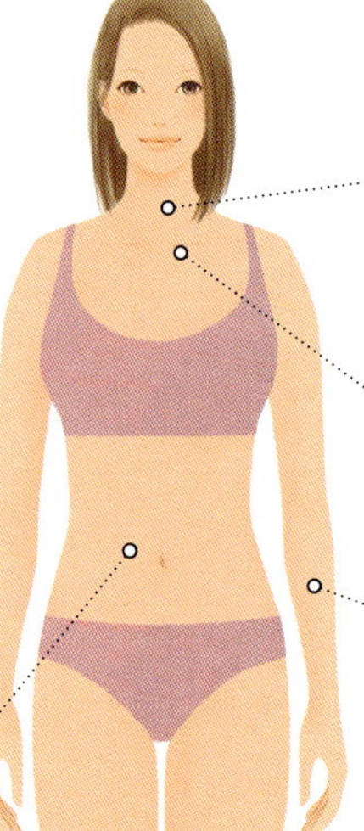

## 厚みを感じさせる グラマラスなメリハリボディ

体全体に立体感があり、筋肉も感じさせるメリハリのあるボディです。どちらかというと上重心。肌に弾力とハリがあるのも特徴です。

### ウエスト
胸からウエストにかけての距離が短く、腰の位置は高め。

### ひざ
ひざは皿が小さく、目立たない。ひざ上は太めで、ひざ下は細く、メリハリがある。

## Body

### 首
長さは身長と比較して短め。首から肩にかけての距離も短め。

### デコルテ
筋肉のハリがあり、鎖骨があまり目立たない。

### 肌の質感
ハリがあり、弾力を感じさせる肌質。

## Hand

### 手のくるぶし
骨が小さく、出かたは目立たない。

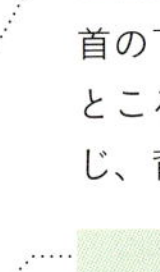

### 手の平、指
手の平が小さくて厚みがあり、弾力的。関節は目立たない。

### 手首
細めで、断面にすると丸に近い筒状。

## Side

### バストライン
鎖骨からバストトップにかけて直線的につながる。

### 胸の厚み
胸に厚みがあり、横から見ると立体的。

### 腰まわり
腰が高い位置にあり、筋肉の厚みがある。

### ヒップライン
ヒップが立体的で、ウエストラインがはっきり見える。

## Back

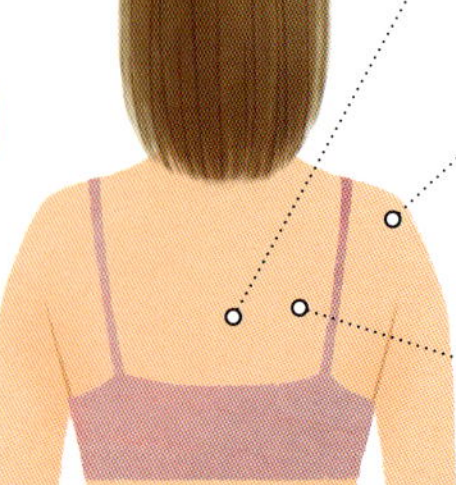

### 背骨
首の下、背骨のはじまりのところに触れると筋肉を感じ、背骨は目立たない。

### 肩
触れても骨ではなく、筋肉のハリを感じる。

### 肩甲骨
あまり目立たない。触れると肩甲骨の上に筋肉のハリを感じる。

このタイプの有名人

米倉涼子、藤原紀香、
上戸彩、深田恭子、武井咲、
石原さとみ、長澤まさみ、マドンナ

# Fashion ファッション

## すっきりとシンプルなファッション

飾りをおさえた、シンプルでクラス感のあるファッションが似合います。高級感のある上質素材のアイテムを選び、ボリュームが出ないよう、Ｉラインのシルエットを作るようにすると◎。上品ですっきりとしたコーデが魅力を引き立てます。

| | | |
|---|---|---|
| ボトムス | OK | ストレートパンツ、タイトスカートなど |
| | NG | フレアスカート、スキニーパンツなど |
| トップス | OK | ベーシックなシャツ、ジャケット、Vネックニットなど |
| | NG | パフスリーブ、オフショルダートップスなど |
| 素材 | OK | コットン、ウール、サテンなど、ハリと厚みのある素材 |
| | NG | ベロア、シフォン、モヘア、麻、ツイードなど、薄くふんわりしたもの、ざっくりしたもの |
| 柄 | OK | 大きくはっきりした柄 |
| | NG | 小花柄、迷彩、ペイズリー、レオパード、キャラクタープリント |

# Hair Length ヘアレングス

| | |
|---|---|
| ショート | ◎ |
| ボブ | ◎ |
| セミロング | △ |
| ロング | ○ |
| ベリーロング | △ |

バストの位置が高く体の上部に厚みがあるストレートは、デコルテ周りに毛先があると太って見えたり、野暮ったい印象になります。肩につかない長さが似合います。きちんと感のあるストレートヘアが得意。やわらかい印象にしたいなら、毛先だけを巻いてフェミニンさをプラスします。

※前髪の有無や顔周りのボリュームは、「美顔バランス診断」に基づきます。PART1（P.26 - 89）で紹介しています。

# Wave ウェーブ

## 体の特徴

### 華奢で厚みがなく<br>やわらかな曲線のボディ

体はうすく、華奢。やわらかな曲線を描くボディが特徴です。どちらかというと下重心。肌は筋肉よりも脂肪を感じさせるソフトな質感です。

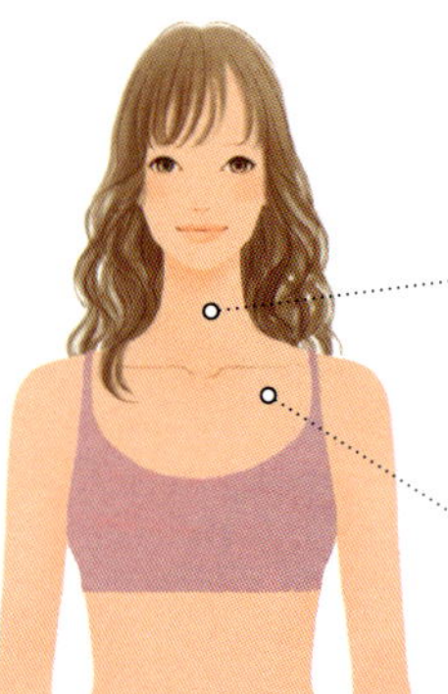

## Body

**首**

身長と比較して長め。肩にかけてのラインがなだらかなのが特徴。

**デコルテ**

鎖骨が細く、よく目立つ。

**肌の質感**

やわらかく、ふんわりとした質感。

**ウエスト**

ウエストから腰の距離が長く、腰の位置は低め。

**ひざ**

ひざが出ている。太ももが細く、ひざ下に肉がつきやすい。

## Side

**バストライン**

鎖骨からバストトップにかけてややえぐれたようにつながる。

**胸の厚み**

厚みはなく、バストトップの位置が低めに見える。

**腰**

腰の位置は低めで、厚みがなくうすい。

**ヒップライン**

ヒップは平面的。背中からなだらかな曲線になっている。

## Hand

**手のくるぶし**

普通に見えるくらいの大きさ。

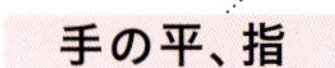

**手の平、指**

手の平のサイズはふつうで、うすい。関節は目立たない。

**手首**

平たく、断面にすると楕円形のような形。

## Back

**背骨**

首の下、背骨のはじまりのところに触れると、うっすらと背骨がわかる。

**肩**

触れると骨を感じるが、大きくはなく、華奢さがある。

**肩甲骨**

肩甲骨の上に筋肉がないので、小さめの骨を感じる。

このタイプの有名人

**北川景子、黒木瞳、新垣結衣、堀北真希、戸田恵梨香、佐々木希、オードリー・ヘップバーン**

# Fashion ファッション

## 華やかでソフトなファッション

飾的なファッションが似合います。ソフトな肌質に合う、うすくやわらかい素材で、体の曲線やウエストのくびれを強調するスタイルを作りましょう。上半身がうすく、下半身が重くなりがちなので、上重心にコーディネートを作ります。

| | | |
|---|---|---|
| ボトムス | OK | ミニスカート、プリーツスカート、コクーンスカート、テーパードパンツ、スリムパンツ |
| | NG | ハーフパンツ、ワイドパンツ、マキシ丈スカート |
| トップス | OK | ブラウス、カーディガン、パフスリーブ、オフショルダー |
| | NG | シャツ、タートルネック、ハイネック、トレーナー |
| 素材 | OK | シフォン、モヘア、ベロアなど、薄く、ソフトでふんわりしたもの |
| | NG | 麻、綿デニム、革、ブリティッシュツイードなど、ざっくりしたもの、ハリのあるもの |
| 柄 | OK | 小さく控えめなもの |
| | NG | 迷彩、幅の太いボーダーやストライプ、大柄のボタニカル、大きいドット柄 |

# Hair Length ヘアレングス

| | |
|---|---|
| ショート | △ |
| ボブ | △ |
| セミロング | ◎ |
| ロング | ◎ |
| ベリーロング | △ |

胸の位置が低く、首が長く、胸板が薄いウエーブは、デコルテ周りがスッキリしすぎると寂しい印象になります。毛先がデコルテ周りから胸のあたりに届くセミロングやロングが◎。
ふんわりとしたパーマヘアのような曲線的なデザインが似合います。ストレートでも、毛先は巻いて華やかに。

※前髪の有無や顔周りのボリュームは、「美顔バランス診断」に基づきます。PART1（P.26 - 89）で紹介しています。

# Natural
ナチュラル

## 体の特徴

### フレーム感のある
### スタイリッシュボディ

筋肉や脂肪があまり感じられない、スタイリッシュなボディ。骨が太く大きく、関節も目立ちます。全体的に四角形のようなフレーム感があります。肌の質感は個人により違いがあります。

**腰の位置**

腰の位置には個人差がある。

**ひざ**

ひざの皿が大きい。ひざ上は個人差があり、ひざ下はすねの骨やアキレス腱が太い。

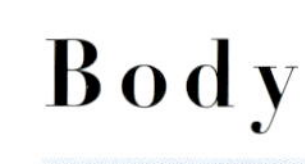

## Body

**首**

長さには個人差がある。筋が目立つ。

**デコルテ**

鎖骨の骨が太くて大きい。目立ちかたに個人差がある。

**肌の質感**

かたすぎず、やわらかすぎず、個人差がある。骨を感じやすい。

## Hand

**手のくるぶし**

骨が大きく、3つのタイプの中で最も目立つ。

**手の平、指**

手の平が大きく、関節が目立つ。骨や筋っぽさが感じられる。

**手首**

断面にすると長方形で、骨や筋が感じられる。

## Side

**バストライン**

個人差があるが、鎖骨から、バストトップにかけて直線的な人が多い。

**胸の厚み**

厚みがある。筋肉のハリは感じられない。

**腰まわり**

腰に高さを感じる。骨の厚みがあるので長方形のような形。

**ヒップライン**

肉感はほとんどなく、平面的。骨盤に厚みがある。

## Back

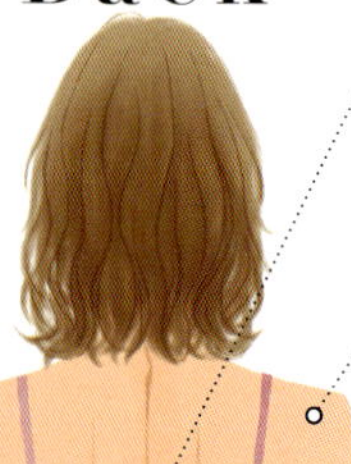

**背骨**

首の下、背骨のはじまりのところに触れると、背骨をしっかりと感じる。

**肩**

触れると大きな骨を感じる。筋肉のハリがなく、肩の骨が目立つ。

**肩甲骨**

大きくて立体的な肩甲骨。3つのタイプの中で最も目立つ。

このタイプの有名人

綾瀬はるか、梨花、道端ジェシカ、
天海祐希、深津絵里、中谷美紀、
アンジェリーナ・ジョリー

# Fashion ファッション

## ラフ&カジュアル、作り込まないファッション

肩の力が抜けた、カジュアルでリラックスしたファッションが似合います。ゆったりとした、作り込みすぎないコーディネートが大人な魅力を引き出します。

| | | |
|---|---|---|
| ボトムス | OK | ロングスカート、ガウチョパンツ、カーゴパンツ |
| | NG | ハーフパンツ、ショートパンツ、ティアードスカート |
| トップス | OK | シャツ、ロングカーディガン、トレーナー、タートルニット |
| | NG | パフスリーブ、胸の開きが深いトップス |
| 素材 | OK | 麻、コットンなど、天然素材、ざっくりした素朴なもの |
| | NG | シルク、サテン、ベロア、シフォン、エナメルなど、薄く、ツヤのあるもの |
| 柄 | OK | カジュアル、エキゾチックな柄 |
| | NG | 小さいドット、ヒョウ柄、ホルスタイン柄、千鳥格子 |

# Hair Length ヘアレングス

| | |
|---|---|
| ショート | ○ |
| ボブ | ○ |
| セミロング | ○ |
| ロング | ◎ |
| ベリーロング | ◎ |

どんな長さでも似合うのがナチュラルの特徴です。髪の持つやわらかな質感を強調して体の骨っぽさを中和したいので、動きのあるスタイルにしましょう。ファッション同様、「長い」「ゆったり」が髪型でも似合います。
作り込まないラフで無造作なデザインがおすすめです。

※前髪の有無や顔周りのボリュームは、「美顔バランス診断」に基づきます。PART1（P.26 - 89）で紹介しています。

**著者**

**二神弓子**（ふたかみ・ゆみこ）

株式会社アイシービー代表取締役社長。一般社団法人骨格診断ファッションアナリスト認定協会代表理事。国際カラーデザイン協会パーソナルスタイリスト事業企画委員長。ミスインターナショナルトレーニングディレクター。イメージコンサルタントとして20年間で約13,000人の指導実績を持つ。著書に『骨格診断×パーソナルカラー 本当に似合う服に出会える魔法のルール』（西東社）などがある。

**河田三奈**（かわた・みな）

ヘアメイクアップアーティスト。M-rep by MONDO artist所属。フランスにて、フリーランスのメイクアップアーティスト、PatMacgraceチームアシスタントとして活動。帰国後、株式会社MONDO-artist group creativestaff/instractorに就任。雑誌、広告、映画、TV等の撮影、ファッションショー、イベントのヘアメイクに従事。ICBインターナショナルスクールヘアメイク講師担当。

スタッフ

デザイン　村口敬太　村口千尋（Linon）、池口香萌（D会）
イラスト　はせがわひろこ
撮影　鈴木希代江
モデル　相澤とみえ　大塚まゆり　佐藤愛子　SOGYON　葉月祥子　東 美樹（以上、スペースクラフト）、大迫深雪　和希優美（アイリンク）、田場愛弓（青山オフィス）、Lico（d'Xim）、井上友里、臼井愛美、玉宮 葵、Mamina、宮城あや子、愛衣
モデル協力　東京サロンモデル
スタイリング　栗尾美月
ヘアメイク　河田三奈
ヘアメイクアシスタント　片山玲子、飯島 瞳
コスメカラー分類協力　鈴木さやか、近藤なつこ、小嶋加代子
パーソナルカラー診断協力　近藤なつこ、小嶋加代子
編集協力　中島夕子、平山祐子

商品協力

ADDICTION BEAUTY　0120-586-683
RMK Division　0120-988-271
井田ラボラトリーズ　0120-44-1184
イプサお客さま窓口　0120-523543
イミュ　0120-371367
エトヴォス　0120-0477-80
MiMC　03-6421-4211
エレガンス コスメティックスお客様相談室　0120-766-995
貝印お客様相談室　0120-016-410
花王　0120-165-691（ソフィーナ オーブ）　0120-165-692（リーゼ）
カネボウ化粧品　0120-518-520
KISSME P.N.Y.（伊勢半）　03-3262-3123
クオレ（K-パレット）　0120-769-009
クラランスお客さま窓口　03-3470-8545
コーセー　0120-526-311
コーセーコスメニエンス　0120-763-328
資生堂お客さま窓口　0120-81-4710
シュウ ウエムラ　03-6911-8560
ジルスチュアート　ビューティ　0120-878-652
THREE　0120-898-003
セルヴォーク　03-3261-2892
ダリヤ　052-950-7711
常盤薬品工業 サナお客さま相談室　0120-081-937
NARS JAPAN　0120-356-686
白鳳堂　0120-1425-07
ピー・エス・インターナショナル　0120-667251
富士フイルム　0120-596-221
ホーユーお客様相談室　0120-416-229
マキアージュお客さま窓口　0120-456-226
M・A・C（メイクアップ アート コスメティックス）　0570-003-770
メイベリン ニューヨーク お客様相談室　03-6911-8585
MONDO-artist　http://mondo-artist.com/beauty-supply.html
リンメル　0120-878-653
レブロン　0120-803-117
ロージーローザ　0120-253-001
ローラ メルシエ ジャパン　0120-343-432
ロレアル パリ お客様相談室　0570-783053

# 美顔(びがお)バランス診断(しんだん)×パーソナルカラー 自分(じぶん)に似合(にあ)うメイクがわかる

2019年5月30日発行　第1版

著　者　二神弓子、河田三奈
発行者　若松和紀
発行所　株式会社 西東社
〒113-0034　東京都文京区湯島2-3-13
http://www.seitosha.co.jp/
営業　03-5800-3120
編集　03-5800-3121〔お問い合わせ用〕
※本書に記載のない内容のご質問や著者等の連絡先につきましては、お答えできかねます。



ISBN 978-4-7916-2714-1

カラー診断シート

# Spring

スプリングタイプ

カラー診断シート
Summer
サマータイプ

カラー診断シート
Autumn
オータムタイプ

カラー診断シート
Winter
ウインタータイプ